SOCIÉTÉ INDUSTRIELLE

du Nord de la France

DÉCLARÉE D'UTILITÉ PUBLIQUE PAR DÉCRET DU 12 AOÛT 1874.

CATALOGUE DE LA BIBLIOTHÈQUE

PAR ORDRE DE MATIÈRES.

Février 1895.

SIÈGE DE LA SOCIÉTÉ :
110, Rue de l'Hôpital-Militaire, LILLE.

LILLE,
IMPRIMERIE L. DANEL.
1895.

SOCIÉTÉ INDUSTRIELLE
du Nord de la France.

CATALOGUE DE LA BIBLIOTHÈQUE

Septembre 1894

PAR ORDRE DE MATIÈRES.

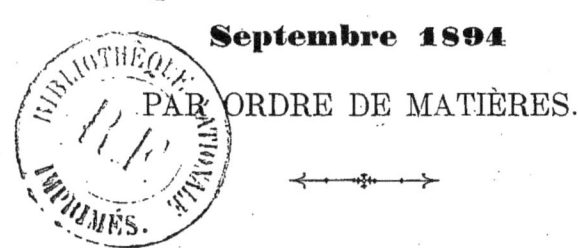

BIBLIOTHÈQUE ET SALON DE LECTURE.
RÈGLEMENT.

I. — Avis préliminaire.

La Société Industrielle met à la disposition de ses membres les nombreux volumes qui composent sa bibliothèque.

Savoir :

1° Ouvrages de fonds ;
2° Encyclopédies et dictionnaires ;
3° Publications périodiques ;
4° Revues et journaux ;

1° La 1re catégorie comprend les livres anciens, pouvant servir à des recherches monographiques ou traitant des questions anciennes, mais auxquelles les circonstances peuvent rendre accidentellement un certain intérêt d'actualité. Telles sont les collections de publications périodiques antérieures à l'année courante, les brochures ou traités relatifs à certaines questions d'économie politique, industrielles ou commerciales, qui peuvent surgir à nouveau.

2° La 2ᵉ catégorie comprend les livres qui, indépendamment de l'époque de leur publication présentent, par leur sujet ou par leur plan, un intérêt d'actualité permanente. Tels sont les ouvrages de didactique et principalement les *Dictionnaires*, *Encyclopédies*, etc.

3° La 3ᵉ catégorie se composera des plus récents numéros parus des publications périodiques, ainsi que des livres ou brochures publiés sur des questions d'un intérêt actuel.

4° Enfin, la 4ᵉ catégorie renferme les revues littéraires et stientifiques, les journaux de Paris, des environs et de la localité.

RÈGLEMENT.

I. — Bibliothèque.

ARTICLE PREMIER. — La bibliothèque est formée par la réunion des livres de fonds ou d'étude spécifiés dans l'avis préliminaire ci-dessus comme livres de la 1ʳᵉ et de la 2ᵉ catégorie.

ART. 2. — Elle s'enrichira :

    1° Des dons faits à la Société ;

    2° Des acquisitions ;

    3° Des ouvrages provenant d'échange avec d'autres sociétés.

Art. 3. — Il sera dressé un catalogue raisonné de la Bibliothèque, par ordre de matières. Ce catalogue sera imprimé et délivré aux Sociétaires qui en feront la demande.

Art. 4. — La bibliothèque et le salon de lecture sont ouverts aux Sociétaires tous les jours de dix à sept heures excepté les dimanches et les jours fériés où la fermeture aura lieu à une heure.

Art 5. — Les sociétaires pourront emporter les ouvrages appartenant aux 1res, 3me et 4me catégories ; ils leur seront remis, les dimanches et fêtes exceptés, chaque jour de la semaine de deux à cinq heures du soir. — Il est créé à cet effet un registre sur lequel on inscrira la désignation de l'ouvrage, la date du prêt et le nom du sociétaire. Une souche mobile portera en outre sa signature et lui sera rendue après visa de la restitution du livre prêté.

Les livres de la 2me catégorie, (dictionnaires, encyclopédies, etc.) — pouvant être consultés journellement par les Sociétaires ne sortiront jamais de la Bibliothèque.

Art. 6. — Le Bibliothécaire devra faire rentrer après un mois les ouvrages prêtés aux Sociétaires ; passé ce délai, une lettre imprimée signée de lui, sera adressée par le Secrétariat aux retardataires.

Art. — Les journaux et publications périodiques ne pourront être prêtés avant qu'un numéro subséquent ait paru.

II. — Salon de Lecture.

Art. 9. — Le salon de lecture contiendra, sur sa table, les livres énoncés dans la 3e et la 4e catégorie, c'est-à-dire :

1° Les numéros récents des publications périodiques, comprenant :
2° Les brochures ou livres d'actualité,
3° Les albums et revues illustrées,
4° Les journaux quotidiens.

Art. 10. — Les numéros anciens des publications périodiques seront retirés du salon de lecture pour rentrer dans la bibliothèque et ne seront ensuite remis aux Sociétaires que dans les termes du règlement ci-dessus.

Art. 11. — Il en sera de même pour les livres et brochures traitant de questions qui n'auront plus le caractère d'actualité nécessaire.

Le Bibliothécaire,
ROBIN.

Le Président,
Édouard AGACHE.

INDEX.

A. — Économie politique, commerciale et industrielle

I. — TRAITÉS GÉNÉRAUX.

	PAGES
Économie politique	9
— commerciale	13
— industrielle	19
Jurisprudence et législation	23
Documents divers	28

II. — TRAITÉS SPÉCIAUX.

Agriculture	35
Bienfaisance	40
Brevets et marques de fabrique	44
Chemins de fer	47
Houilles	51
Navigation	53
Produits chimiques	56
Sucres	59
Textiles	64
Arts mécaniques	71

B. — Sciences pures :

Mathématiques	75
Physique et chimie	78
Histoire et géographie	83
Botanique	87
Météorologie	89

C. — Sciences appliquées. — Technologie :

I. — ARTS MATHÉMATIQUES.

	PAGES.
Architecture et construction	93
Navigation	97
Chemins de fer	100
Arithmétique commerciale	104
Mécanique : *a* Machines à vapeur	107
— *b* Moteurs divers	112
— *c* Pompes	115
— *e* Outillage mécanique	117
— *d* Instruments d'expérience	120
Filature	123
Tissage et Apprêts	127

II. — ARTS PHYSIQUES.

Chauffage (production de la vapeur)	131
Chauffage domestique et ventilation	133
Chauffage industriel	135
Éclairage	138
Électricité	140
Divers	145

III. — ARTS CHIMIQUES.

Couleurs et teinture	149
Produits chimiques et métallurgiques	153
Sucre	157
Agriculture et produits agricoles	161
Questions diverses	167
Docimasie	170
Brasserie	172
Meunerie	174

IV. — ARTS DE LA GÉOLOGIE ET DE LA MINÉRALOGIE.

Mines et carrières	177

V. — ARTS DIVERS.

Médecine et hygiène	181

VI. — POLYGRAPHIE SCIENTIFIQUE ET TECHNOLOGIQUE.

                                                                         PAGES.

Dictionnaires et manuels 189
Brevets d'invention 193
Expositions (rapports) 194

D. — Ouvrages divers 201

E. — Publications périodiques (ABONNEMENTS COURANTS) :

Journaux et publications spéciales 217
Journaux et publications polygraphiques 221

Sociétés industrielles et d'émulation 224
      — d'agriculture 227
      — diverses 229
Chambres de Commerce 232

NOTA. — La liste des Travaux des membres se trouve dans le Bulletin du troisième trimestre de chaque année.

A. — ÉCONOMIE POLITIQUE, COMMERCIALE & INDUSTRIELLE.

I. — TRAITÉS GÉNÉRAUX.

ÉCONOMIE POLITIQUE.

Nos d'entrée.

257. Ministère du Commerce. — Enquête sur la question monétaire. *2 vol. Paris, Imprimerie Nationale, 1872.*

258. Ministère du Commerce. — Enquête sur la législation relative au taux de l'intérêt. *4 vol. Paris, Imprimerie Nationale, 1865.*

291. Emion (E.). — La taxe du pain. *1 vol. Abbeville, P. Briez, s. d.*

294. Brincard (E.). — De l'institution comparée des caisses d'épargne en Angleterre et en France. *1 vol. Paris, Imprimerie Impériale, 1867.*

353. Scrive-Loyer. — Causerie sur le libre-échange dédiée aux gens du monde. *1 fasc. Lille, Robbe, 1876.*

360. Engel Dollfus. — Étude sur l'épargne, les institutions de prévoyance et la participation aux bénéfices. *1 br. Mulhouse, Vve Bader et Cie, 1876.*

426. S. E. Maurin. — Rapport des lois et des mœurs avec la population. *1 br. Paris, Delahaye, 1877.*

510. E. Fauconnier. — Protection et libre-échange. *1 vol. Paris, Germer-Baillère, 1879.*

619. A. L. P. — L'Impôt, ce qu'il doit être. *1 br. Lille, Leleux, 1873.*

624. P. Acloque. — Conférence sur la situation économique de la France, les traités de commerce et les tarifs de douane. *1 br. Foix, Pomiès, 1879.*

630. Ch^s Tellier. — La vie à bon marché. *1 br. Paris, Roussel, 1880.*

642. A. Renouard. — Les cocasseries libre-échangistes. *1 br. Lille, Camille Robbe, s. d.*

706. A. Joire. — Le travail, richesse du peuple, 1re partie. *1 br. Lille, Lefebvre-Ducrocq, 1881.*

770. Marquis d'Audiffret. — Système financier de la France. *7 vol. Paris, Vve Ethiou-Pérou, 1876.*

776. J. M. Pérot. — Impôts. Quel est le meilleur mode à adopter. *1 fasc. Lille, Massart, 1881.*

815. Heurtier. — Rapport à S. Ex. le Ministre de l'Agriculture, du Commerce et des Travaux Publics, fait au nom de la Commission chargée d'étudier les différentes questions qui se rattachent à l'émigration européenne, *1 vol. Paris, Imprimerie Impériale, 1854.*

898. Th. Fr. Courché. — Essai sur les questions du travail. *1 vol. Havre, Ch. Delevoye, 1883.*

1076. Ch. Guermonprez. — La protection et le libre-échange. *Lille, Castiaux, 1885.*

1078. J.-B. Mariage. — De la détaxe coloniale. Mémoire présenté au Comité central des fabricants de sucre de France. *Valenciennes, Louis Henry, 1869.*

1232. René Telliez. — Principes élémentaires d'économie politique à l'usage des lycées et collèges. *1 vol. Lille, Danel, 1883.*

1272. Caisse d'épargne de Lille. — Projet de loi sur le régime des caisses d'épargne, déposé par M. le Ministre des Finances. *(6 juillet 1886).*

1664. Question d'économie politique et d'économie sociale, intéressant spécialement les industries textiles de l'arrondissement de Lille.

1677. Maurice Block. — Statistique de la France. *2 vol.*

1699. E. Cacheux. — État des habitations ouvrières, à la fin du 19e siècle. *1891, 1 br.*

1700. E. Cheysson. — L'économie sociale à l'Exposition universelle de 1889. Communication faite au Congrès d'économie sociale, le 13 juin 1889.

1718. Denis Guibert. — Étude d'économie politique. M. Pouyer-Quertier, sa vie, ses œuvres. *1 br.*

1732. Adam Schmith. — Recherche sur la nature et les causes, de la richesse des nations. *6 vol.*

1785. .... — La participation aux bénéfices de l'industrie, du commerce et de l'agriculture. *1 broch.*

TRAITÉS GÉNÉRAUX.

ÉCONOMIE COMMERCIALE.

14 *bis*. DUBAR, G. — Rapport sur les moyens de développer le commerce extérieur, présenté à la Société Industrielle du Nord de la France le 26 mai 1874. *1 fasc. Lille, Danel, 1874.*

88. CHAMBRE DE COMMERCE DE LILLE. — Examen des traités de commerce et de navigation conclus entre la France, la Grande-Bretagne et la Belgique. *2 fasc. Lille, Danel, 1873.*

225. CHAMBRE DE COMMERCE DE LILLE. — Rapport sur le développement du commerce extérieur. *1 fasc. Lille, Danel, 1874.*

229. CHAMBRE DE COMMERCE DE DOUAI. — Rapport sur le développement du commerce extérieur *1 fasc. Douai, Céret-Carpentier, 1874.*

230. CHAMBRE DE COMMERCE DE DOUAI. — Compte rendu des travaux pendant les années 1872-1873. *1 br. Douai, Dechriste, 1874.*

259. MINISTÈRE DU COMMERCE. — Enquête sur le régime du courtage. *1 vol. Paris, Imprimerie Impériale, 1864.*

306. CHAMBRE DE COMMERCE DE DOUAI. — Réponse à la circulaire de M. le Ministre du Commerce concernant les modifications à apporter à la constitution des chambres. *1 vol. Douai, Dechristé, 1875.*

319. CHAMBRE DE COMMERCE DE DUNKERQUE. — Recueil des procès-verbaux des séances de la chambre et tableaux-statistiques du commerce du port et de l'arrondissement de Dunkerque. *1 vol. Dunkerque, Vve Kien, 1878.*

321. CHAMBRE DE COMMERCE DE DOUAI. — Compte rendu des travaux de la chambre pendant l'année 1874. *1 vol. Douai, Dechristé, 1875.*

325. CHAMBRE DE COMMERCE DE LILLE. — Observations présentées à M. le Ministre du Commerce sur l'application de l'impôt de 3 % aux sociétés en nom collectif. *1 fasc. Lille. Danel, 1875.*

346. AD. TERWAGNE. — Le commerce extérieur et la région du Nord. *1 vol. Lille, Ducoulombier et Cie, 1875.*

355. CHAMBRE DE COMMERCE DE LILLE. — Archives de la chambre de commerce de Lille 1832 à 1892. *vol. Lille, Danel.*

365. Société Industrielle de St-Quentin. — De la nécessité de modifier les délais de notification des protêts faute de paiement. *1 fasc. St-Quentin, Jules Moureau, 1876.*

372. Société Industrielle d'Amiens. — Rapport sur les abus qu'entraîne l'usage des délais accordés par la loi au remboursement des effets protestés. *1 fasc. Amiens, T. Jeunet, 1875.*

384. Chambre de Commerce de Lille. — Renouvellement des traités de commerce. — Tarifs de douanes. *1 fasc. Lille, Danel, 1877.*

391. Chambre de Commerce de Lille. — Réponse à la circulaire de M. le Ministre du Commerce sur la question des exportations temporaires. *1 fasc. Lille, Danel. 1877.*

396. Chambre de Commerce de Lille. — Lettre à M. le Ministre du Commerce sur les tarifs des douanes. *1 fasc. Lille, Danel, 1877.*

419. Société nationale d'éducation de Lyon. — Rapport sur un projet de fondation, en France, d'un institut des hautes études commerciales. *1 br. Lyon, Albert, 1872.*

442, 529 ⎫ Chambre de Commerce de Roubaix. — Archives. Années 1877,
605, 663 ⎭ à 1884. *5 vol. Roubaix, Alfred Reboux.*

443. .... — Texte de la loi belge sur l'encaissement des effets par la poste. *1 fasc. Bruxelles, 1877.*

451. Chambre de Commerce de Lille. — Examen du projet de loi sur le tarif général des douanes. *1 br. Lille, Danel, 1878.*

598. Lecuridan, Théodore. — Histoire et archives de l'ancienne chambre consultative des arts et manufactures de Roubaix. *1 vol. Roubaix, Alfred Reboux, 1879.*

717. .... — Tarif général des douanes. *1 br. Paris, 1881.*

793. Ém. Dupont. — Réponse faite au rapport sur la situation actuelle du commerce d'exportation.

801. Ministère du Commerce. — Annuaire statistique de la France. Années 1878 à 1888. *11 vol. Paris, Imprimerie Nationale.*

811. Henri Houtain. — Essai sur l'industrie et le commerce belges, français et étrangers; leur état actuel et leur avenir. *1 vol. Gand, Ad. Hoste, 1876.*

812. A. Lebaudy. — L'organisation commerciale et le magasinage public en France et en Angleterre. *1 vol. Paris, P. Dupont, s. d.*

817. Ministère du Commerce. — Admissions temporaires. *1 vol. Paris, Imprimerie Nationale, 1878.*

848. Max Hofmann. La tarification allemande et ses anomalies. *1 br. Fécamp, G. Nicolle, 1882.*

998. Armand Massip. — La France commerciale et industrielle comparée aux puissances étrangères. *1 br. Paris, Bureau du Génie civil, 1884.*

1049. Émile Cacheux. — L'économiste pratique. Construction et organisation des crèches, salles d'asile, écoles, habitations ouvrières, hôtels, bains, lavoirs, etc., etc. Établissements, mécanisme, statuts et règlements des institutions de prévoyance et de bienfaisance. *1 vol. et 1 atlas. Paris, Baudry et Cie, 1885.*

1093. Pouyer-Quertier. — Conférence économique faite à Bordeaux le 15 juin 1879. *1 br. Paris, Roussel et Cie.*

1094. Pouyer-Quertier. — Discours prononcé à Toulouse le 23 novembre 1879. *1 br. Paris, Société anonyme des publications périodiques.*

1095. .... — Compte rendu sténographique du 2e congrès des chambres de commerce favorables au travail national, tenu à Paris, le 5 mai 1880. *1 br. Paris, Roussel et Cie.*

1113. Henri Labbe-Rousselle. — Rapport sur le projet de loi sur les sociétés par action, 11 novembre 1885. *1 fasc. Lille, Danel, 1885.*

1141. Delahaye-Bougère fils. — Enquête sur les traités de commerce. Mémoire adressé à M. le Rapporteur de la commission du tarif général des douanes. Corderie. *1 br. Paris, A. Lahure, 1879.*

1142. De Capol. — Nécessité d'un tarif de douanes spécial à l'industrie chanvrière. *1 br. Angers, Germain et G. Grassin, 1879.*

1155. Delahaye-Bougère fils. — Réponse à la contre-pétition de la corderie d'Abbeville à la Chambre des Députés. *1 br. Paris, A. Lahure, 1879.*

1156. Le comte Le Gonidec de Traissan. — Lettres et notes adressées par le comité d'initiative de la corderie française à MM. les Députés au sujet de deux amendements au projet de loi relatif à l'établissement du tarif général des douanes, *1 br. Paris, A. Lahure. 1880.*

1242. Eug. De Masquard. — Le faux et le vrai libre-échange. *1 br. Paris, Librairie agricole, 1881.*

1295. Chambre de Commerce d'Elbeuf. — Projet de convention entre l'État et la Société fermière des Téléphones.

1299. G. Dutertre. — Le service téléphonique et le projet de loi.
1309. A. Terwagne. — Mon critérium en économie financière, commerciale et maritime.
1729. Delandres. — Traité pratique des douanes. *2 vol.*
1815. A. Lecoffre. — Banques anglaises et usages de Banque en Angleterre. *Londres, Effuigham et Wilson, 1892.*

ÉCONOMIE INDUSTRIELLE.

Nos d'entrée.

94 bis. KUHLMANN, F. — Les conquêtes de la science aux prises avec l'impôt (droit sur le sel des soudières). *Lille, Danel, 1873. 1 br.*

273. DE FREYCINET. — Rapport sur la réglementation du travail des enfants et des femmes, dans les manufactures de l'Angleterre. *1 br. Paris, Imprimerie Impériale, 1867.*

313. COMTE DE MELUN. — Rapport fait au nom de la Commission chargée d'étudier la situation des classes ouvrières en France. (Situation matérielle et économique des ouvriers.)

368. .... — Notice sur les installations ouvrières de la société Oescher, Mesdach et Cie, à Ougrée (Liège). *1 fasc. Liège, Léon de Thier, 1876.*

348. CHAMBRE DE COMMERCE DE LILLE. — Protection des apprentis et des enfants employés dans les manufactures. *1 br. Lille, Danel, 1876.*

349. CHAMBRE DE COMMERCE DE LILLE. — Observations adressées à M. le Préfet du Nord sur le travail des enfants et des femmes dans les manufactures. *1 fasc. Lille, Danel. 1875.*

742. SOCIÉTÉ INDUSTRIELLE DE MULHOUSE. — Enquête décennale sur les institutions d'initiative privée, destinées à favoriser l'amélioration de l'état matériel et moral de la population de la Haute-Alsace. *1 vol. Mulhouse, Vve Bader, 1878.*

834. MAX. MEUNIER. — Traité des causes des incendies et guide pratique pour l'emploi des moyens préservatifs contre l'incendie. *1 vol. Lille, Danel, 1880. 2 ex.*

885. Th.-Fr. COURCHÉ. — Rapport sur la question des accidents du travail. *1 br. Havre, 1883.*

925. A. RENOUARD. — De la responsabilité des patrons en matière d'accidents agricoles ou industriels. *1 br. Lille, Verly, Dubar et Cie, 1884.*

940. A. BELLAIGUE. — Examen critique d'une proposition de loi relative à la responsabilité des accidents dont les ouvriers peuvent être victimes dans l'exercice de certaines professions. *1 br. Paris, Chaix, 1884. 4 ex.*

1001. Georges FILLION. — L'exploitation du Tonkin. *1 br. Paris, Chalamel aîné, 1884.*

1386. J. A. Clouzard. — Conséquences qui résultent de l'élévation des salaires.

1483. H. Avisse. — Décentralisation administrative. Ses effets sur le régime administratif des usines. *1 br. 1852.*

1710. Chambre de Commerce de Paris. — Enquête sur les conditions du travail en France, pendant l'année 1872. Département de la Seine.

1713. Dacarre. — Assemblée nationale, année 1875. Rapport fait au nom de la Commission d'enquête parlementaire sur les conditions du travail en France. Salaires et rapports entre patrons et ouvriers. *1 vol.*

1864. A. Béchaux. — Les revendications ouvrières en France, *1 vol.*

JURISPRUDENCE & LÉGISLATION.

Nos d'entrée.

274. De Freycinet. — Travail des enfants dans les manufactures. Législation prussienne. *1 fasc. Baden-Baden, 1867.*

336. L A. Bloquet. — Cours abrégé de législation usuelle civile, commerciale et industrielle. *1 vol. Saint-Cloud, Vve Eug. Belin, 1876.*

490. Em. Delecroix. — Traité théorique et pratique de la législation des mines. *1 vol. Paris, Marescq, 1878.*

506. H. Rivière. — Codes français et lois usuelles annotés, 5e édition. *Paris, Marescq aîné, 1879.*

803. Ministère du Commerce. — Enquête sur les conseils de prud'hommes et les livrets d'ouvriers. *3 vol. Paris, Imprimerie Impériale, 1869.*

809. Marius Morand. — La législation des patentes appliquée aux industries textiles. *1 vol. Lyon, Pitrat, 1880.*

1006. Jules Richard. — Le protectionnisme rationnel. *1 br. Philippeville, H. Torterue, 1884.*

1013. Gustave Dubar. — L'impôt sur les matières premières et les traités de commerce franco-anglais et franco-belge. *1 br. Lille, Leleux, 1873.*

1017. A. Renouard. — Nouvelles observations sur la question de la responsabilité des patrons en matière d'accidents agricoles ou industriels. *1 br. Lille, Verly, Dubar et Cie, 1885.*

1194. A. Renouard. — De la responsabilité des patrons en matière d'accidents agricoles ou industriels. *1 br. Camille Robbe, 1884.*

1196. Cottignies. — Du rattachement de la juridiction volontaire à la juridiction contentieuse. *1 br. Besançon, Millot frères, 1885.*

129. .... — Les lois de patronage et d'assistance ouvrière en Autriche. *2 br. 1887.*

1297. Gruner E. — Les lois d'assistance ouvrière en Allemagne. *1 br. 1887.*

1306. Affaire Isaac Holden et fils, contre Masurel frères. Rapport des experts. *1887.*

1474. .... — Du caractère et des effets des actes administratifs, qui délimitent le domaine public. *1869, 1 br.*

ÉCONOMIE POLITIQUE, COMMERCIALE ET INDUSTRIELLE.

1479. DE GASPARIN. — Guide des propriétaires de biens soumis au métayage. *1 br.*

1485. LAMÉ FLEURY. — Recueil des lois, décrets, ordonnances, etc., concernant le service des Ingénieurs des mines. Tome I. *2 vol. 1864.*

1491. Décrets sur la grande voirie de Paris. *19 décembre 1854, 2 br.*

1555. Répertoire méthodique de la législation des chemins de fer, indiquant les dispositions relatives et réglementaires insérées au bulletin des lois. *4 vol. br.*

1556. Enquête sur l'exploitation et la construction des chemins de fer, publiée par ordre du Ministre de l'Agriculture, du Commerce et des Travaux Publics.

1582. Notice sur la responsabilité civile du chef des accidents survenus dans les mines.

1628. M. MATHET. — Congrès international des accidents du travail. Influence de l'air comprimé dans les houillères, sur les accidents du grisou. *1 br. 1889.*

1631. E. CACHEUX. — Congrès international de sauvetage. Procès-verbaux sommaires. *2 br. 1889.*

1635. GRUNER. — Congrès international des accidents du travail. Tome I. Rapports présentés sur la demande du comité d'organisation

1658. GRUNER. — Congrès international des accidents du travail, tenu à Paris du 9 au 14 septembre 1889. Procès-verbaux des séances et visites.

1659. J HUSTIN. — Congrès international des accidents du travail. Note présentée à la commission permanente.

1663. GRUNER.— Congrès international des accidents du travail. Tome II. Compte-rendu des séances et visites du Congrès.

1689. E. GRUNER. — Les lois nouvelles d'assistance ouvrière en Allemagne, Autriche et Suisse. *1 br. Chaix, 1887.*

1692. Congrès international des accidents du travail à Berne, du 21 au 26 septembre 1891. De la nécessité d'inspection officielle, dans les usines et manufactures, et de l'opportunité d'une législation spéciale.

1697. H. CAVOLE. — Chambre de Commerce d'Abbeville. Demande de modification au projet de loi sur le tarif général des douanes, industries textiles, lin, chanvre, jute et coton.

98. Chambre des Députés. — Session de 1891.— Rapports au nom de

la Commission des Douanes, chargée d'examiner le projet de loi relatif à l'établissement du tarif général des Douanes.

- 1271. 1° Filature de lin, chanvre, jute.
- 1272. 2° Tissage de lin, chanvre, jute.
- 1344. 3° Filature de coton.
- 1345. 4° Tissus de coton.
- 1346. 5° Papier et ses applications.

1702. Helson — Mines. Le tarif général des douanes et les minerais de fer français.

1724. P. Taillier. — Dictionnaire de la législation et de jurisprudence, concernant les aubergistes, hôteliers, cafetiers, débitants de boissons, etc.

1782. E. Batteur — De la jurisprudence en matière d'accidents.

1813.
- Ch. Robert. — La participation aux bénéfices, au point de vue du maintien de l'autorité dirigeante.
- E. Cheysson. — La prévention des accidents. *1 br. Chaix, Paris, 1893*

1846. F. Delecroix. — Revue de la législation des Mines. *1 vol.*

DOCUMENTS DIVERS.

Nos d'entrée.

80. MÉMOIRES de la Société des Sciences, de l'Agriculture et des Arts de Lille. (*1823-1880*), *manque 1875*.

81. MÉMOIRES de la Société d'Agriculture (sciences et arts) centrale du département du Nord, séant à Douai. (*1870-1885*), *manquent 1881, 82, 83, 84*.

260. MINISTÈRE DU COMMERCE. — Enquête sur l'enseignement professionnel. Dépositions. *2 vol. Imprimerie Impériale, 1864*.

261. MINISTÈRE DU COMMERCE. — Enquête sur l'enseignement technique. Rapports et notes. *1 vol. Paris, Imprimerie Impériale, 1864*.

299. BANQUE DE FRANCE. — Compte rendu (1875-1892 sauf 1880). *Paris imprimerie Paul Dupont.*

331. Ch. MÉRY DE MONTIGNY. — Notice relative à l'importance des départements du Nord de la France. *1 br. Lisbonne, Lallemand frères, 1875*.

440.9 10)
26.41.42)
54.61.70) CONSEIL GÉNÉRAL DU NORD. — Rapport du Préfet et procès-verbaux
71.85.304) des délibérations. Sessions de 1875 à 1880. *Lille. L. Danel.*
440.556)
613)

440 bis. ANALYSE des Conseils généraux des départements sur diverses questions d'administration.

572. .... — Rapport au Conseil municipal, présenté par le maire de Lille, sur l'administration de la ville pendant les années (1878-1883). *1 vol. Lille, Castiaux.*

724. CONGRÈS INTERNATIONAL DES ÉLECTRICIENS. — Paris, 1881.

730. G. DUBAR. — Emprunts et travaux nécessaires pour terminer l'agrandissement de la ville de Lille. *1 br. Lille, Leleux, 1881*.

1026. MINISTÈRE DE L'INSTRUCTION PUBLIQUE ET DES BEAUX-ARTS. — Comité des travaux historiques et scientifiques. Liste des membres titulaires, honoraires et non résidants du Comité, des correspondants honoraires du ministère de l'Instruction publique, des sociétés savantes de Paris et des départements. *1 br. Paris, Imprimerie Nationale, 1885*.

1065. Aimé HOUZÉ DE L'AULNOIT. — Les ouvriers belges à Lille. Étude sur les conditions d'admissibilité des indigents étrangers aux secours publics. *1 br. Lille, L. Danel, 1885*.

1077. Union des Distillateurs du département du Nord. — Mémoire adressé au Président de la République. *1 br. Blocquel-Castiaux, 1872.*

1275. Vachon. — Ministère de l'Instruction publique et des Beaux-Arts. Rapport sur les musées et les écoles d'art industriel.

1312. E. Lefebvre-Pontalis. — Ministère de l'Instruction publique et des Beaux-Arts. Bibliographie des Sociétés savantes de la France. *1 vol. 1887.*

1339. — Amougaud aîné. — Convention internationale pour la protection de la propriété industrielle dans ses rapports avec l'industrie française.

1475. Ad. Vialar. — Mémoire sur les expropriations départementales. *1 br. 1876.*

1529. Chemin de fer du nord. — Recueil des ordres de service et instruction de l'année 1865.

1598. Ministère du Commerce. — Enquête relative à diverses prohibitions.

1603. Ministère de l'Intérieur. — Réparation des dommages résultant de l'invasion. Répartition des indemnités.

1689. Saglio. — Rapport adressé au Ministre de l'Instruction publique, par M. Saglio, conservateur du musée du Louvre, sur l'organisation des musées en Allemagne. *1886.*

1690. Saglio — Rapport relatif à l'enseignement en Autriche des arts appliqués à l'industrie. Adressé au Ministre de l'Instruction publique.

1691. M. Vachon. — Rapport sur les musées et les écoles d'art industriel, et sur la situation des industries artistiques en Suède, Danemark. Norvège. *Mission de juin-juillet 1888.*

1692. Vachon. — Rapport sur les musées et les écoles d'art industriel en Angleterre. *Mission de juin-juillet 1889.*

1693. Vachon. — Rapport sur les musées et les écoles d'art industriel, et sur la situation des industries artistiques en Belgique et en Hollande. *Mission de février et mars 1888.*

1694. Vachon. — Rapports sur les musées et les écoles d'art industriel, et sur la situation des industries artistiques en Suisse et Prusse-Rhénane.

1705. E. François. — Le Chartered accountants en Angleterre. *1889.*

1706. E. François. — L'augmentation de l'émission et de l'encaisse à la Banque d'Angleterre.

1715 *bis*. Constans, Ministre de l'Intérieur. — Ministère de l'Intérieur. Rapport sur les opérations des Sociétés de secours mutuels, pendant l'année 1889. *1 vol.*

1855. Ministère des Travaux Publics. — Album de statistique graphique de 1889. *2 albums.*

II. — TRAITÉS SPÉCIAUX.

AGRICULTURE.

Nos d'entrée.

240. CHAMBRE DE COMMERCE DE LILLE. — Rapport sur l'admission temporaire des grains. Décharge des acquits à caution. *1 fasc. Lille, Danel, 1874.*

262. MINISTÈRE DE L'AGRICULTURE ET DU COMMERCE. — Les primes d'honneur décernées dans les concours régionaux de 1866 à 1870. *5 vol. Paris, Imprimerie Nationale.*

263. MINISTÈRE DU COMMERCE. — Les fermes-écoles ou écoles professionnelles de l'Agriculture. *1 vol. Paris, Imprimerie Nationale, 1872.*

293. P. E. C. — Du rôle des femmes dans l'agriculture. *1 vol. Paris, J. Best, 1869.*

445. A. PAGNOUL. — Station agricole du Pas-de-Calais. — Compte rendu de ses travaux pour l'année 1877.

468. J. CARTUYRELS. — Le rôle des récoltes dérobées dans l'économie des cultures industrielles de la Hesbaye. *1 br. Liège, Demarteau, 1878.*

495. DEROUEN. — Guide d'assolement et observations agricoles.

625. César POULAIN. — L'agriculture et les traités de commerce. Lettres avec tableaux synoptiques de l'industrie lainière et de l'agriculture. *1 br. Reims, Justinart, 1879.*

827. Ernest ROBERT. — Organisation de l'enseignement agricole. *1 br. Saint-Quentin, Jules Moureau, 1882.*

828. MAGNIN fils. — Mémoire sur les obstacles que rencontre le progrès en agriculture. *1 br. Douai, Dutilleul et Laigle, 1866.*

986. Henry GROSJEAN. — Rapport sur l'industrie laitière aux États-Unis (extrait du Bulletin de l'Agriculture). *1 br. Paris, Imprimerie Nationale, 1882.*

996. Paul VÉRET. — Les concours agricoles. Le progrès agricole ; question matérielle : de la propriété des défrichements des terres. *1 br. Amiens, Oscar Sorel, 1878.*

1012. BUTIN et PEUCELLE. — L'agriculture, le libre-échange et les pouvoirs publics. Mars 1890. *1 br. Bailleul, Vve Vanneufville-Bernoux.*

1015. Friedr. HABERLANDT. — Die Sojabohne. Ergebnisse der Studien und Versuche über die an Bauwürdigkeit dieser neu einzuführenden Culturpflanze. *1 br. Wien, Carl Gerold's Sohn, 1878.*

1029. John L HAFES. — Scheep husbandry in the South. *1 br. Boston, John Wilson Son. 1878.*

1056. Paul PIERRARD. — Comment résoudre les difficultés économiques actuelles ? Études sur la situation agricole, industrielle et commerciale de la France et les moyens, proposés en 1885, pour l'améliorer. *1 br. Paris, Guillaumin et Cie, 1885.*

1075. PAYEN. — Législation des céréales. Procès-verbaux des délibérations de la Société impériale et centrale d'agriculture. Séances du 9 mars au 27 avril 1859. *1 br. Paris, Vve Bouchard-Huzard, 1859.*

1165. V. GROUALLE. — La crise agricole. Discours prononcé le 11 février 1885 à l'assemblée générale de la Société des Agriculteurs de France. *1 br. Paris, Société des Agriculteurs; 1885.*

1172. VALLET-ROGEZ. — Résumé des questions économiques développées par la délégation du Comice agricole de Lille devant les commissions parlementaires et extra-parlementaires, dans les audiences du 12 février 1886. *1 br. Lille, Castiaux, 1886.* 2 exemplaires.

1174. Alfred TRANNIN. — Société des Agriculteurs du Nord. Notes de voyage et rapport au nom de la mission en Allemagne. *1 br. Lille, Verly, Dubar et Cie, 1885.*

1187. E. DEUSY. — Discours sur les syndicats agricoles et sur le vinage à prix réduit, prononcés les 14 et 17 février 1885 à l'assemblée générale des Agriculteurs du Nord. *1 br. Paris, Société typographique, 1885.*

1188. Alfred TRANNIN. — Société des Agriculteurs du Nord. Notes de voyage et rapport sur le 2e voyage de la mission en Allemagne. *1 br. Lille, Verly, Dubar et Cie, 1885.*

1233. Société des agriculteurs de l'arrondissement d'Avesnes. — Rapport relatif au transport du bétail destiné aux pâturages. Modifications à apporter aux tarifs et aux délais de parcours. *1 br. Avesnes, Dubois-Viroux, 1881.*

1235. Em. Macarez. — Notes sur les droits compensateurs réclamés par les agriculteurs. *1 br. Valenciennes, Louis Henry, 1879.*

1239. G. Butel. — Rapport sur la crise agricole et sur l'organisation d'un Congrès national, *1 br. Meaux, Charrion, 1884.*

1244. Carré. — Comice agricole de Château-Thierry. Rapport sur les tarifs de douane, *1 br. Chateau-Thierry, 1884.*

1708. Notes sur la nature et le gisement du phosphate de chaux naturel dans les départements du Tarn-et-Garonne et du Tarn. *1 br. 1883.*

TRAITÉS SPÉCIAUX

BIENFAISANCE.

87. Longhaye, Aug. — Rapport de la commission chargée de l'élaboration du projet de statuts de l'œuvre des invalides du travail de la ville de Lille. (Rapports des 13 février 1859, 13 décembre 1859 et 16 mai 1866). *Lille, Lefebvre-Ducrocq, s. d.*

89. Longhaye, Aug. — Observations sur le projet de loi relatif à la création d'une caisse d'assurance en cas d'accidents résultant des travaux agricoles et industriels. *1 vol. Lille, Danel, 1868.*

295. .... — Rapport de la commission de la caisse de retraites pour la vieillesse à S. M. l'Impératrice, sur les opérations et la situation de cette caisse. *2 fasc. Paris, Imprimerie Impériale, 1865.*

296. .... — Instruction pratique à l'usage des déposants à la caisse d'assurance en cas d'accidents. *1 fasc. Paris, Imprimerie Impériale, 1868.*

423. Placide Conly. — Organisation des secours publics à Paris. *1 fasc. Paris, Delahaye, 1877.*

425. C. Tollet. — La réforme du casernement; réduction de la mortalité dans l'armée française. Les bains-douches. *1 br. Paris, Delahaye, 1877.*

551. .... — Société française de secours aux blessés des armées de terre et de mer. 1er corps d'armée. Comité départemental du Nord. Lille. Statuts et règlements *1 br. Lille, Danel, 1879.*

632. .... — Caisses d'épargne. Législation actuelle. Loi postale. — Projet de M. Denormandie. *1 fasc. Lille, Lefebvre-Ducrocq. S. d.*

671. Ledieu. — Modifications introduites dans le régime des caisses d'épargne actuelles par la loi du 9 avril 1881 sur les caisses postales. *1 br. Lille, Lefebvre-Ducrocq, 1881.*

1525. G. Hubbard. — De l'organisation des Sociétés de prévoyance ou de secours mutuels. *1 vol. 1852.*

1709. Proposition de loi sur l'organisation d'une caisse de retraites des travailleurs et des invalides du travail et d'une caisse de capitalisation.

1746. A. GIBON. — La participation des ouvriers aux bénéfices et les difficultés présentes. *1 br 1892, Guillaumin et Cie.*

1834. MINISTÈRE DU COMMERCE ET DE L'INDUSTRIE. — Office du travail, le placement des employés, ouvriers et domestiques. *1 vol.*

1835. .... — Office du travail, notices et comptes-rendus. *17 fascicules. Imprimerie nationale.*

1850. ROYAUME DE BELGIQUE. — Album du développement progressif du réseau des routes navigables et des chemins de fer, de 1830 à 1881.

BREVETS D'INVENTION & MARQUES DE FABRIQUE

Nos d'entrée.

514. J. Bozerian. — Rapport fait au Sénat, relatif aux dessins et modèles industriels. *1 vol. Versailles, Imprimerie du Sénat, 1879.*

639. .... — Loi belge sur les marques de fabrique et de commerce. *1 fasc. Paris, Ch^s Desnos, 1879.*

640. Ch^s Desnos. — Résumé des législations françaises et étrangères sur les marques de fabrique, modèles et dessins. *1 br. Paris, Ch. Desnos, s. d.*

836. Aug. Fauchille. — Traité des dessins et modèles industriels. *1 vol. Paris, J. Mayet et Cie, 1882.*

1741. Description des machines et procédés pour lesquels des brevets d'invention ont été pris sous le régime de la loi du 5 juillet 1844. *T. 68, 2 vol. (1re et 2e partie).*

CHEMINS DE FER.

N⁰ˢ d'entrée

40 bis. F. KUHLMANN. — Chemin de fer du Nord. Observations sur le projet de loi présenté aux Chambres législatives. *1 fasc. Lille, Vanackère, 1845.*

407. CHAMBRE DE COMMERCE DE LILLE. — Chemin de fer. Réponse aux questions posées par la Commission du Sénat. *1 br. Lille, 1877.*

466. A. STIÉVENART. — La question des voies de transport dans la région du Nord. *1 br. Lille, Leleux, 1878.*

702. Ch. AVEROUS. — Les tarifs de chemins de fer en France et à l'étranger. *1 br. Havre, Brenier, 1881.*

768. PARLEMENT ITALIEN. — Extraits du rapport ée la Commission d'enquête parlementaire sur l'exploitation des chemins de fer italiens. *1 vol. Paris, Chaix, 1882.*

881. Léon FRANCQ. — Chemin de fer métropolitain de Paris. Traction. Locomotives à foyer. Système funiculaire. Moteurs électriques. Locomotives à vapeur sans foyer. *1 br. Paris, Capiomont et Renault, 1883.*

1014. Émile LEVEL. — Les Chemins de fer et le budget. *1 br. Paris, Nouvelle revue, 1883.*

1043. Gustave DUBAR. — Les conventions avec les grandes Compagnies de chemins de fer de la région du Nord. *1 br. Lille, Verly, Dubar et Cie, juillet 1883.*

1249. CHARLES LIMOUSIN. — La théorie commerciale des tarifs de chemins de fer. Rapport au Syndicat de l'Union nationale du Commerce et de l'Industrie, sur les nouveaux tarifs du P.L.M., *1 br. Paris, Guillaumin et Cie, 1886.*

1258. QUESTIONS DE CHEMINS DE FER. — Les chemins de fer et la concurrence. *1 br. Paris, Société générale de Papeterie, 1886.*

1280. A. LACROIX. — Chemin de fer d'intérêt local et tramways du département du Nord. *1 br. 1886.*

1342. FRÉDUREAU. — Le Budget et les voies de transport.

1527. CHEMIN DE FER D'ORLÉANS. — Charges normales des trains de voyageurs, des trains mixtes avec marchandises et annexe. *1 br., mai 1870.*

1812 A. de Lapparent. — Les chemins de fer économiques. *1 br.*
Corbeil, Crété-de-l'Arbre, 1889.

1880. Ministère des Travaux Publics. — Royaume de Belgique. Administrations des ponts et chaussées et des chemins de fer. *1 Album.*

HOUILLES.

Nos d'entrée.

74 bis. A. Matrot. — Statistique de l'industrie houillère du Nord et du Pas-de-Calais. *1 fasc. Lille, 1873.*

86 bis. Chambre de commerce de Lille. — Enquête parlementaire sur l'état de l'industrie houillère en France. *Lille, Danel, 1873.*

1225. Ludovic et Breton. — Étude géologique du terrain houiller de Dourges. *1873.*

1576. Boulanger. — Description du bassin houillier de Decize (Nièvre).

1577. L. Gruner. — Texte explicatif de la nouvelle carte du bassin houiller de la Loire. *1 br. 1847.*

1578. Question des houilles. — Mission de M. de Ruolz en France et en Angleterre. *1 vol. T. II, 1873, Imprimerie nationale.*

1579. Situation de l'industrie houillère en 1859. — Comité des houillères françaises. *1 vol. br. 1860.*

1583. Notice historique sur la découverte de la houille à Rive-de-Gier. *1 br. 1839.*

1613. Études de gîtes minéraux publiées par les soins de l'Administration des mines des bassins houillers de Brassac.

1644. Alfred Évrard. — Traité pratique de l'exploitation des mines.

1687. L. Breton. — Étude stratigraphique des terrains houillers d'Auchy-au-Bois. *1 vol. L. Danel, 1877.*

1716. A. Burat. — Les houillères en 1868 avec atlas contenant la suite des documents produits à l'Exposition universelle de 1867. *1 vol. et atlas.*

1728. A. Burat. — Cours d'exploitation des mines. *1 vol. et atlas.*

NAVIGATION.

Nos d'entrée.

57. CHAMBRE DE COMMERCE. — Navigation fluviale du Nord. — Amé-
bis. lioration urgente. *20 novembre 1866.*

256. MINISTÈRE DU COMMERCE. — Enquête sur la marine marchande.
2 vol. Paris, Imprimerie impériale, 1863.

270. MINISTÈRE DU COMMERCE. — Commission chargée d'examiner les moyens de venir en aide à la marine marchande. *1 vol. Paris, Imprimerie nationale, 1874.*

335. L. BARRET. Note sur l'aménagement des ports de commerce. *1 vol. Marseille, Barlatier-Feissart, s. d.*

723. A. FLAMANT. — Notice sur l'avant-projet du canal du Nord sur Paris. *1 br., Lille, Danel, 1881.*

816. J.-A. FILLEAU. — Traité de l'engagement des équipages des bâtiments du commerce. *1 vol. Paris, Paul Dupont, 1862.*

1180. POUYER-QUERTIER. — Conférence sur la situation économique, la marine marchande et le travail national, faite à Nantes le 21 décembre 1879. *1 br. Paris, Rousset et Cie.*

1216. Louis VERSTRAET. — Le canal maritime de l'Océan à la Méditerranée, au point de vue politique et militaire. *1 br. Paris, G. Chamerot. 1882.*

1821. Vme Congrès international de navigation intérieure. Rapport par M. J. Schlichting. *8 brochures en boîtes.*

1861. VIme Congrès international de la navigation intérieure. La Haye. 1894. *32 br.*

PRODUITS CHIMIQUES.

84. F. Kuhlmann. — Conséquences de l'application d'un impôt sur le sel des soudières. *1 fasc. Lille, Danel, 1878.*

85. bis. Lamy. — Rapport à la Société d'encouragement pour l'industrie nationale sur une lettre du syndicat des Manufactures chimiques de France, relative au projet d'impôt sur le sel destiné aux fabriques de soude. *1 fasc. Paris, Vve Bouchard-Hazard, 1872.*

462. F. Kuhlmann fils. — Rapport présenté au nom de l'Industrie des produits chimiques de France à la Commission d'enquête législative chargée de l'étude des tarifs généraux. *1 br. Paris, Vve Renou-Maude et Cock, 1878.*

728. Camille Rousset. — Annuaire des produits chimiques et de la droguerie. *1 vol. Paris, Ed. Rousset et Cie, 1881.*

1253. Ministère du Commerce. — Enquête sur les sels. *4 vol. Paris. Imprimerie impériale, 1869.*

SUCRES.

Nos d'entrée.

77 bis. J. B. MARIAGE. — L'Industrie sucrière de l'arrondissement de Valenciennes à l'Exposition universelle de 1867. Rapport du Comité des fabricants de sucre. *1 br. Valenciennes, Louis Henry, 1867.*

82. Ch. BIVORT. — Annuaire du Commerce et de l'Industrie du sucre. Guide-Manuel des fabricants. *2 vol. Paris, Blocquel et Ch. Bivort, 1870-1871 et 1872.*

83. BLOQUEL et BIVORT. — Tableau synoptique des sucres (cours et statistique). *1 toile pliée. Campagne 1871 et 1872.*

255. MINISTÈRE DU COMMERCE. — Enquête sur les sucres en Angleterre. *1 vol. Strasbourg, Vve Berger-Levrault et fils, 1863.*

263. Henri BERNARD. — Lettre à M. Deseilligny, Ministre de l'Agriculture et du Commerce, à propos du vote à la consommation.

323. Henri BERNARD. — Réflexions sur l'état de la question des sucres. *1 br. Paris, Jules Boyer, 1875.*

694. H. PELLET. — Sur la quantité de sucre produite en Allemagne par 100 kilog. de betteraves. *1 fasc. Compiègne, Henri Lefebvre, 1881.*

814. Aimé GIRARD. — Rapport à M. le Ministre du Commerce sur les procédés saccharimétriques et le rendement des sucres bruts au raffinage. *1 br., s. d.*

935. Hipp. LEPLAY. — L'impôt sur le sucre considéré au point de vue des progrès à réaliser dans la fabrication du sucre. *1 br. Paris, P. Dubreuil, 1884. 2 ex.*

1037. E. VION. — De l'avenir de la sucrerie indigène. *1 br. Saint-Quentin, Hourdequin et Thiroux, 1865.*

1038. J. B. MARIAGE. — L'Industrie sucrière de l'arrondissement de Valenciennes à l'Exposition universelle de 1867. Rapport. *1 br. Valenciennes, Journal de la Sucrerie indigène, 1867.*

1079. E. VION. — Question des sucres. Cinq lettres sur la crise de l'industrie sucrière et les remèdes à y apporter. Janvier 1881. *1 br. Paris, Sucrerie indigène et coloniale, 1881.*

1080. MEHAY. — Étude sur la betterave à sucre. Mémoire présenté à l'Académie des Sciences par M. Payen. Séance du 16 mars 1868. *1 br. Valenciennes, Louis Henry, 1868.*

1081. Comité sucrier de l'arrondissement de Lille. — Revision du régime général des sucres. — Conditions d'équilibre entre les divers intérêts engagés dans l'industrie sucrière *1 br. Lille, Lefebvre-Ducrocq, 1862.*

1082. .... — Question des sucres. Lettre d'un fabricant de sucre indigène à ses confrères sur l'impôt à la consommation et sur la nécessité du *statu quo* dans la législation des sucres. *1 br. Paris, Retaux frères, janvier 1866.*

1083. Comité sucrier de l'arrondissement de Lille. — Observations sur le projet de loi des sucres. — Question des classes et types. *1 br. Lille, Reboux, 1860.*

1084. J. Leloup. — Examen critique du régime des fabriques-raffineries de sucre. *1 br. Arras, A. Courtin, 1869.*

1085. Mis d'Havrincourt. — Question des sucres. Discours prononcé par le Mis d'Havrincourt, député, dans la séance du 15 avril 1864. *1 br. Paris, Poupart-Davyl et Cie, 1864.*

1086. Henri Bernard. — La question des sucres. 7 août 1871. *1 br. Lille, Lefebvre-Ducrocq, 1871.*

1087. Henri Bernard. — La question des sucres. Lettre au Ministre de l'Agriculture et du Commerce. 10 janvier 1873. *1 br. Lille, Lefebvre-Ducrocq, 1873.*

1088. Henri Bernard. — La question des sucres en 1873. — Deuxième note. 20 février 1873. *1 br. Lille, Lefebvre-Ducrocq, 1873.*

1089. E. W. Field. — La question des sucres en 1873. Réponse à la deuxième note de M. Henri Bernard. 18 avril 1873. *1 br. Douai, L. Crépin, 1873.*

1090. Hipp. Leplay. — Analyse des mélasses et des matières sucrées au point de vue de la sucraterie et de la distillerie. De l'existence d'un sucre optiquement neutre et de ses dérivés dans la mélasse et dans les produits sucrés en cours de travail dans la fabrication et le raffinage des sucres. *1 br. Paris, P. Dubreuil, 1885. 2 ex.*

1098. Charles Bivort. — Étude sur la législation des sucres dans les divers pays d'Europe et aux États-Unis. Note sur la question des sucres. Production, exportation et consommation de tous les pays. *1 vol. Paris, Imprimerie moderne, avril 1880.*

1116. René Monnerot. — Note sur la surtaxe des sucres. *1 br. Paris, Sucrerie indigène, 1886.*

1117. A. Masuriez. — La surtaxe sur les sucres étrangers devant le Parlement. *1 br. Paris, P. Dubreuil, 1885.*

1121. J.-B. MARIAGE. — Question des sucres. Le travail national et la surtaxe sur les sucres étrangers. *1 br. Paris, Sucrerie indigène, 1886.*

1122. A. MASURIEZ. — Lettre réponse à M. Féraud, vice-président de la Chambre de Commerce de Marseille, à propos de la surtaxe sur les sucres étrangers. 15 février 1886. *1 br. Paris, P. Dubreuil, 1886.*

1131. Hippolyte LEPLAY. — L'Intérêt du progrès dans la fabrication du sucre devant la Commission des sucres de la Chambre des Députés. *1 fasc. Paris, P. Dubreuil, 1886.*

1175. Hippolyte LEPLAY. — Un complot. Avertissement aux pouvoirs publics. *1 br. Paris, P. Dubreuil, 1885.*

TEXTILES.

N^{os} d'entrée.

15. Henri LOYER. — Recueil pour servir aux archives du Comité ou Chambre syndicale des filateurs de coton à Lille. *1 vol. Lille, Camille Robbe, 1873.*

76 bis. ALCAN. — Communication sur les arts textiles. *1 fasc. Paris, Vieville et Capiomont, s. d.*

254. MINISTÈRE DU COMMERCE. — Enquête relative à l'importation en franchise temporaire des tissus de coton destinés à être réexportés après impression ou teinture. *1 vol. Paris, Imprimerie impériale, 1858.*

288. Léon DE ROSNY. — Traité de l'éducation des vers à soie au Japon. *1 vol. Paris, Imprimerie impériale, 1858.*

379. Henri LOYER. — L'abaissement des droits de douane et les admissions temporaires. (Assemblée générale des filateurs de coton du département du Nord. 19 février 1877). *1 fasc. Lille, Leleux, 1877.*

381. Natalis RONDOT. — L'enseignement nécessaire à l'industrie de la soie (écoles et musées). *1 vol. Lyon, Pitrat aîné, 1877.*

385. CHAMBRE DE COMMERCE DE LILLE. — Observations présentées à M. le Ministre du Commerce sur l'admission temporaire des filés. *1 fasc. Lille, Danel, 1877.*

530. Victor POUCHAIN. — Commission d'enquête parlementaire sur le régime économique des industries du lin, du chanvre et du jute. *1 br. Armentières, Cado-Petit, s. d.*

616. .... — Déposition de M. Charles Saint à la Commission d'enquête parlementaire concernant le lin, le chanvre et le jute. *1 br. Paris, A. Wittersheim, 1870.*

621. A. RENOUARD. — Rapport à l'Association française pour l'avancement des sciences au Congrès de Lille, 1874 sur les progrès de l'industrie des lins. *1 br. Lille, Danel, 1874.*

698. .... — Le lin en Portugal. *1 fasc. Lisbonne. Castro-Irmao, 1878.*

716. .... — La filature de lin, de chanvre et de jute et le tissage à propos des traités de commerce. *1 br. Paris, Paul Dupont, 1880.*

TRAITÉS SPÉCIAUX.

719. A. RENOUARD. — Manuel anglo-français et belge à l'usage de la fabrique et du commerce des tissus de coton, lin, chanvre, laine, soie, poils, etc. *1 br. Paris, Renon et Maulde, 1864.*

826. GONCET DE MAS. — Culture de la Ramie. *1 br. Paris, Masson. 1877.*

874. A. DROHOJOWSKA. — La soie, production et mise en œuvre. *1 br. Paris, Paul Dupont, s. d.*

987. Paul FRANCEZON. — Notes pour servir à l'étude de la soie, suivies d'une étude sur les étouffoirs chimiques. *1 br. Lyon. Le Moniteur des soies, 1880.*

1003. JUS. — Les plantes textiles algériennes à l'Exposition de 1878. *1 vol. Paris, Challamel, 1878.*

1018. A. RENOUARD. — Les pays producteurs du coton. *1 br. Lille, Danel, 1885.*

1030. W. M'ILWRATH. — Linen : its Virtues and advantages, etc. *1 br. Belfast, 1871.*

1031. William CHARLEY. — Flax and its products in Ireland. *1 vol. Londres, Bell et Daldy, 1862.*

1032. Benjamin VERET. — Le lin et sa culture. *1 br. Paris, Vve Bouchard-Huzard.*

1033. Bon Jean DE BRAY. — La Ramie, son origine et son nom historique. Sa culture, son rendement, ses avantages. *1 br. Alger, Ferrouillat, 1873.*

1034. Bon Jean DE BRAY. — La Ramie, plante textile supérieure au chanvre, au lin et au coton. Sa culture, son rendement, ses avantages. *1 br. Paris, Drouin, 1879.*

1035. Théophile MOERMAN. — La Ramie ou ortie blanche sans dards. Sa description, son origine, sa culture, etc. *1 br. Paris, Baudry, 1871.*

1036. A. FAVIER. — Nouvelle industrie de la Ramie. *2 br. Paris, E. Lacroix, 1881 et 1886.*

1782. P. MICHOTTE, ingénieur. — Traité scientifique et industriel de la ramie. *1 vol.*

1070. V. P. G. DEMOOR. — Traité de la culture du lin et des différents modes de rouissage. *1 br. Bruxelles, H. Carlier, 1855.*

1097. James WARD. — Flax ; its cultivation and préparation with practical suggestions for its improvement and best mode of conversion. *1 br. London, Fred. Warne et Co, s. d.*

1120. SCRIVE-LOYER.—A propos du lin, suivi d'une conférence sur la question du lin faite au congrès agricole du 22 mai 1886, à l'occasion du concours régional de Lille en 1886. *1 vol. Lille, Boldoduc. 1886.*

1132. F.-J. MAIZIER. — Un mot sur la culture du lin. *1 br. Paris, J. Bunel. 1884.*

1157. H. DANZER. — Aperçu sur l'importance croissante des industries textiles à l'étranger. Notes de voyage. *1 br. Lyon, A. Storck, 1883.*

1159. A. RENOUARD. — Note sur les crins végétaux. *1 br. Lille, Danel, 1883.*

1160. A. RENOUARD. — Note sur les principales maladies du lin. *1 br. Paris, E. Lacroix.*

1161. A. RENOUARD. — Note sur le rouissage du lin. Législation et hygiène. *1 br. Paris, E. Lacroix.*

1166. A. RENOUARD. — L'abaca, l'agave et le phormium. *1 br. Lille, Danel, 1883.*

1167. A. RENOUARD. — Le lin en Angleterre. *1 br. Lille, Danel, 1880.*

1168. A. RENOUARD. — Étude sur la statistique comparée de la culture du lin et du chanvre dans le monde entier. *1 br. Paris. E. Lacroix, 1881.*

1169. A. RENOUARD. — Les Arts textiles. *1 vol. Paris, E. Lacroix, 1886.* (Bibliothèque industrielle).

1186. A. RENOUARD. — Note sur la culture du lin en Algérie. *1 br. 1879.*

1195. A. RENOUARD.— Les câbles dits en aloès de chanvre de Manille.

1197. H. KOELKENBECK. — Flax culture, for the seed and the fiber, in the United States. *1 br. Chicago, Hiram Sibley et C°. 1883.*

1209. Théodore MAREAU. — Rapport sur l'Industrie linière. *2 vol. Paris, Imprimerie Nationale, 1851 et 1859.*

1251. Michel ANDREWS. — Instructions for the culture and preparation of flax in Ireland. *1 br. Belfast, Henry Greer. 1868.*

1274. INSTRUCTIONS PRATIQUES pour la culture, le rouissage et le teillage, publiées par les soins du Comité linier de Lille.

1289. FLAX. — Cultivation. *1887, 1 br.*

1291. Félix BRUNET. — La situation de l'industrie linière en France au 31 décembre 1886.

1298. T. BURROWS. — La filature de lin économique.

1305. Edmond Faucheur. — L'industrie linière en 1887. *1 br.*

1324. Boghaert-Vaché. — Un précurseur de Richard Lenoir, Liévin Bauwens, le véritable importateur en France de la filature mécanique de coton.

1347. H. Gavelle. — De la nécessité du développement de la culture du lin en France. *1888.*

1359. .... — Titolo dei filati et dei tissuti.

1512. Enquête parlementaire sur le régime économique, (industries textiles, lin, chanvre, jute et soie.)

1629. Norbert de Landtsheer.— Industrie linière. Influence du rouissage et du teillage sur l'avenir de l'industrie linière en Belgique. *1888. 1 br.*

1668. Congrès international pour l'unification du numérotage des fils de toute nature, tenu à Paris les 25 et 26 juin 1878.

1682. Scrive-Loyer. — Question d'économie politique et d'économie sociale, intéressant spécialement les industries textiles de l'arrondissement de Lille. *1890, Verly-Dubar et Cie*.

1703. N. de Landtsheer. — La vérité sur la ramie.

1719. La culture, le rouissage et le teillage du lin, publié par les soins du Comité linier de Lille.

1720. E. Faucheur.— Comité linier du Nord de la France Rapports sur les concours liniers de 1891. (Nord, Pas-de-Calais, Seine-Inférieure. Eure.)

1824. E. Faucheur — La Chambre de Commerce de Lille et l'industrie linière. *1 vol.*

ARTS MÉCANIQUES.

582. Ch. LABOULAYE. — Économie des Machines et des Manufactures, d'après l'ouvrage anglais de Ch. Barbage. *1 vol. Paris, Librairie du Dictionnaire des Arts et Manufactures, 1880.*

710. L. POILLON. — Essai sur les inventions en mécanique et sur leur exploitation commerciale. *1 br. Paris, Ch. Maréchal et J. Monthorier, 1881.*

882. Jos. DÉPIERRE. — Monographie des machines à laver employées dans le blanchîment, la teinture des fils, écheveaux, chaînes, etc. *2 vol., texte et planches. Paris, Maréchal et Monthorier, 1884.*

1737. ORGANE OFFICIEL du Congrès international de mécanique appliquée, tenu à Paris du 16 au 21 Septembre 1889.

1738. REVUE GÉNÉRALE de mécanique appliquée. Générateurs, moteurs, récepteurs, machines-outils, appareils de levage et pesage, de janvier 1891.

1688. DEHAITRE. — Machines et appareils perfectionnés en tous genres pour l'apprêt des tissus. *1 vol.*

1856. Album national de la fabrique et de l'industrie sous la direction de Fernand Blum. *1 album.*

B. — SCIENCES PURES.

MATHÉMATIQUES.

N°s d'entrée.

73. ARAGO, François.— Astronomie populaire. *4 vol. Paris, Gide, 1854.*

203. H. SONNET. — Dictionnaire des mathématiques appliquées. *1 vol. Paris, Hachette et C*^{ie}*, 1874.*

297. Ed. LAGOUT. — Tachymétrie, géométrie concrète en trois leçons. Cahier d'un soldat du génie. *1 vol. Paris, Claye, 1875.*

845. G. A. HIRN et O. HALLAUER. — Thermodynamique appliquée. — Réfutation d'une seconde critique de M. G. Zeuner. *1 br. Paris, Gauthier-Villars, 1883.*

870. J.-B BIOT. — Précis de l'histoire de l'astronomie planétaire écrit à l'occasion de la découverte de H. Le Verrier. *1 br. Paris, Imprimerie Royale, 1846.*

871. Olinde RODRIGUES. — Du développement des fonctions trigonométriques en produits de facteurs binômes. *1 fasc. Paris, De Bachelier, 1843.*

872. Olinde RODRIGUES. — Des lois géométriques, qui régissent les déplacements d'un système solide dans l'espace, etc... *1 br. Paris, De Bachelier, 1843.*

1040. LAGOUT. — Conférence sur la tachymétrie. Congrès et conférence au palais du Trocadéro, 10 septembre 1878. *1 br. Paris, Imprimerie Nationale, 1869.*

1859. Aimé WITZ. — Thermodynamique à l'usage des ingénieurs. *1 vol.*

1865. Aimé WITZ. — Théorie des machines thermiques. *1 vol.*

PHYSIQUE ET CHIMIE.

N^{os} d'entrée.

16bis. KHULMANN, Fréd. — Force cristallogénique. Extraits des comptes-rendus de l'Académie des Sciences, séances des 3 octobre 1864, 26 décembre 1864, 15 et 29 mai 1865. *Paris, Gauthier-Vllars.*

16bis. KHULMANN, Fréd. — Sur les oxydes de fer et de manganèse et certains sulfates considérés comme moyen de transport de l'oxygène de l'air sur les matières combustibles. Extraits des comptes rendus de l'Académie des Sciences.
  Extraits des comptes rendus de l'Académie des Sciences, séances des 16 août 1859, 26 septembre 1859 et 10 juin 1861. *Paris, Mallet-Bachelier.*

16bis. KHULMANN, Fréd. — Mémoire sur les chaux hydrauliques, les pierres artificielles et sur diverses applications nouvelles des silicates alcalins solubles. Extraits des comptes rendus de l'Académie des Sciences, 25 juin, 6 août, 20 août 1855. *Paris, Mallet-Bachelier.*

28. KHULMANN. — Sur la formation des cyanures et de l'acide cyahydrique.

97. Ad. WURTZ. — Dictionnaire de chimie pure et appliquée. *6 vol. et 15 br. Paris, Hachette et Cie, 1859 à 1886* (à suivre).

205. Henry VIOLETTE et ARCHAMBAULT. — Dictionnaire des analyses chimiques. *2 vol. Paris, E. Lacroix 1860.*

420. GIRARD, SALET, HENNINGER, PABST. — Agenda du chimiste, 1877 *2 vol. et 1879 1 vol. Paris, Hachette et Cie.*

537 à 540. MELSENS. — Des paratonnerres à pointes, à conducteurs et à raccordements terrestres multiples. *1 vol. et 2 fasc. Bruxelles. Hayez, 1877.*

546. Jean DE MOLLINS. — Recherches de l'acide ferrique. *1 br. Lausanne, Ed. Allenspach, fils, 1872.*

547. Jean de MOLLINS. — De quelques réactions dans lesquelles le chlorate de potassium joue le rôle de corps chlorurant. *1 fasc.*

1736. HERMANNUS BOERHAAVE. — Elementa chemiæ quæ anniversario labore docuit in publicis privatisque scholis. *2 vol.*

1737. BOTTÉE et RIFFAULT. — L'Art du salpêtrier. *1 vol.*

900. Aimé Witz. — Thèses présentées à la Faculté des Sciences de Paris pour obtenir le grade de docteur ès-sciences physiques :
1° Essai sur l'effet thermique des parois d'une enceinte sur les gaz qu'elle renferme ;
2° Propositions données par la Faculté. *1 br. Paris, Gauthier-Villars, 1878.*

902. Aimé Witz. — Du pouvoir refroidissant de l'air aux pressions élevées. *2 br. Paris, Gauthier-Villars, 1879.*

903. Aimé Witz. — L'électricité, ses progrès et son avenir. *1 fasc. Paris, Balitout, Questroy et Cie, 1882.*

904. Aimé Witz. — Thermochimie et mécanique chimique. *1 fasc. Louvain, Ch. Peeters, 1878*

967. A. Béchamp. — Mémoire sur les matières albuminoïdes. *1 vol. Paris, Imprimerie Nationale, 1884.*

1351. L. Tédesco et J. Fritsch. — Annuaire de l'industrie française.

1624. M. Frémy. Encyclopédie chimique. *1 vol. broché.*

1679. Revue des cours scientifiques. *13 vol. Don.*

1616. Gay Lussac et Arago. — Annales de chimie et de physique.

1723. E. Fritsch. — Nouveau traité de la fabrication des liqueurs d'après les procédés les plus récents *Paris, Masson, 1 vol. broché.*

1725. Blattier. — Nouvelle méthode pour le dosage de l'alcalinité dans les hypochlorites alcalines.

1738. Dumas. — Traité de chimie appliquée aux arts. 1828 à 1846. *7 vol., manque le 2°.*

1739. Bergman. — Opuscules chimiques et physiques. *2 vol.*

1740. Berzelier. — Rapport annuel sur le progrès de la chimie, présenté le 31 mars 1847.

1741. J. F. Gray. — Traité pratique de chimie appliquée aux arts et manufactures, à l'hygiène et à l'économie domestique. *3 vol. et 1 atlas.*

1742. T. H. Grahem — Traité de chimie organique, traduit de l'anglais par M. Pressy. *1 vol.*

1743. Méthode de nomenclature chimique proposée par Moreau, Lavoisier, Fourcroy et Berthoht. *1 vol.*

1744. Accurn. — Traité pratique sur l'usage et le mode d'application des réactifs chimiques. *1 vol.*

1745. Orfila. — Traité des poisons tirés des règnes minéral, végétal et animal. *1 vol.*

1746. J. Liebig. — Chimie organique appliquée à la physiologie végétale et à l'agriculture. *2 vol.*

1747. William Henry. — Éléments de chimie expérimentale. *2 vot.*

1748. Buchoz. — Plantes tinctoriales. *1 vol.*

1750. A. Payen. — Cours de chimie élémentaire et industrielle. *2 vol.*

1751. A. Payen. — Précis de chimie industrielle. *2 vol. et 1 planche.*

1752. E. Millon. — Éléments de chimie organique, comprenant les applications de cette science à la physiologie animale. *2 vol.*

1755. Payen. — Manuel du cours de chimie organique appliquée aux arts industriels et agricoles. *2 vol.*

1757. C. L. Bertholet. — Essai de statistique chimique. *2 vol.*

1758. J. A. Chaptal. — Chimie appliquée aux arts. *4 vol.*

1759. Baumée. — Chimie expérimentale et raisonnée. *3 vol.*

1760. J. Pelouze. — Cours de chimie générale. *2 vol. et 1 atlas.*

1761. J. J. Bazelier. — Traité de chimie. *8 vol., manque le 5ᵉ.*

1762. Andrewerse M. D. — Dictionnaire de chimie, traduit de l'anglais par Riffault. *4 vol.*

1763. J. Thomson. — Système de chimie, traduit de l'anglais par Riffault. *4 vol.*

1764. Maquoer. — Dictionnaire de chimie. *4 vol.*
1 vol.

1836. J. Pelouze et C. Frémy. — Traité de chimie générale. *6 vol. brochés et 1 atlas broché.*

1847. Paul Weiss. — *Le cuivre*, encyclopédie de chimie industrielle. *2 vol.*

1848. P. Guichard. — Précis de chimie industrielle. *1 vol.*

1805. L. Ser. — Traité de physique industrielle, productien et utilisation de la chaleur. *1 vol.*

1800. Gay, — Lussac, Arago, etc. — Annales de chimie et de physique. *29 broch.*

1807. Société industrielle de Mulhouse. — Bibliographie de la technologie chimique des fibres textiles. *1broch.*

1870. Paul Hubert. — Enrichissement des phosphates de chaux naturels pauvres. *1 broch.*

HISTOIRE & GÉOGRAPHIE.

N⁰ˢ d'entrée.

312. Elisée RECLUS. — Nouvelle géographie universelle. La terre et les hommes : Commencé en 1876. *10 vol. Paris, Hachette et Cie*, (à suivre).

392. RAILLARD. — Carte du département du Nord. *17 feuilles reliées. Commencée en 1874, terminée en 1876.*

418. Paul SOLEILLET. — L'Afrique occidentale. Algérie, Mzab, Tildikielt. *1 vol. Paris, Challamel aîné, 1877.*

438. CONGRÈS INTERNATIONAL DES AMÉRICANISTES. — Compte-rendu de la seconde session, Luxembourg, 1877. *2 vol. Paris, Maisonneuve, 1878.*

623. .... — Notices historiques et descriptives sur Montpellier. *1 vol. Hamelin, frères, 1879.*

810. Isidore HEDDE. — Géographie Chinoise et Française. *1 vol. Paris, P. Dupont, 1876.*

924. .... — Compte-rendu des travaux du Congrès national des sociétés françaises de géographie à Bordeaux en 1882. *1 vol. Bordeaux, G. Gounouilhou, 1882.*

934. MINISTÈRE DE LA MARINE ET DES COLONIES. — Sénégal et Niger. La France dans l'Afrique occidentale 1879-1883. *1 vol. Paris, Challamel aîné, 1884*

1000. J.-L. DUTREUIL DE RHINS. — La Mission de Brazza dans l'ouest Africain. *1 br. Bordeaux, G. Gounouilhou, 1884.*

1042. MAMET. — Ethnographie de la Grèce. Le brigandage et le drame de Marathon en 1870. *1 br. Lille, Danel, 1885.*

1064 .... — Revue des questions historiques, 20ᵉ année, 76ᵉ livraison, octobre 1885. *Paris, Victor Palmé, 1885.*

1135. A. RENOUARD. — Les Iles Carolines. *1 br. Lille, Danel, 1885.*

1136. A. RENOUARD. — Les deux Bulgaries. *1 br. Lille, Danel, 1886.*

1162. Ch. JUNKER. — L'Alsace. *1 br. Lille, Danel, 1885.*

1163. Gustave LECOCQ. — Quelques mots sur les mobilisés de Lille. *1 br. Lille, Lefebvre-Ducrocq, 1872.*

1409. F^d DE LESSEPS — Égypte et Turquie. *1 br. 1860.*

1411. F^d DE LESSEPS. — Mémoire à l'Académie des Sciences sur le Nil blanc et le Soudan.

1440. Réunion de l'histoire de tous les pays par divers auteurs. *16 vol.*
1481. Une lettre sur le Siège de Paris. *1 br.*
1484. Eugène Ténot. — Le coup d'État. *1 vol. 1868.*
1522. Abrégé de l'histoire romaine à l'usage des élèves de l'École militaire. *1 vol. 1837.*
1679. G. Warenhorst. — La Casamance (côte occidentale d'Afrique, *1 br. 1891.*
1694. Société de Géographie de Lille. — Catalogue de la bibliothèque décembre 1887, par ordre de matières. *L. Danel.*
1823. Société de Géographie de Lille. — XIIIe Congrès national des Sociétés de géographie du 1er au 7 août 1892, novembre et décembre 1893.

BOTANIQUE.

209. CORENWINDER. — Recherches chimiques sur la végétation. De la soude dans les végétaux. *1 fas. Lille, Danel, 1874.*

223. CORENWINDER. — Études sur les feuilles des arbres pendant le cours de leur végétation. *1 br. Lille, Danel, 1874.*

226. CORENWINDER. — La respiration des végétaux. *1 fasc. Paris, Martinet, 1874.*

722. LEBOUR. — Catalogue des plantes fossiles de la collection de M. Hutton. *2 vol. Londres, Logmans et Cie. 1878.*

786. SOCIÉTÉ D'AGRICULTURE DE DOUAI. — Catalogue des plantes cultivées dans les serres de la Société en mars 1882. *1 br. Douai, Lucien Crépin, 1882.*

832. CORENWINDER. — Recherches sur l'assimilation du carbone par les feuilles des végétaux. *1 br. Lille, Danel, 1855.*

1200. QUARRÉ-REYBOURBON. — Causerie anecdotique sur les orchidées. *1 br. Lille, Danel, 1884.*

MÉTÉOROLOGIE.

Nos d'entrée.

510. STATION AGRICOLE DU PAS-DE-CALAIS. — Météorologie du Pas-de-Calais. Observations faites pendant l'année 1878. *1 b. Arras, De Sède et Cie, 1879.*

745. G.-A. HIRN. — Résumé des observations météorologiques faites pendant l'année 1881, en quatre points du Haut-Rhin et des Vosges. *1 fasc. Paris, Gauthier-Villars, 1882.*

1507. BELGRAND. — Bulletin mensuel météorologique (mars, avril, mai 1874.

1539. BELGRAND. — Bulletin mensuel météorologique, tome III, septembre, octobre, novembre et décembre 1874.

1722. SCHMELTZ. — Observations météorologiques faites à Lille de 1757 à 1888 recueillies et résumées.

C. — SCIENCES APPLIQUÉES (Technologie).

ARTS MATHÉMATIQUES.

ARCHITECTURE & CONSTRUCTION.

20 bis. F. KUHLMANN. — Instruction pratique sur l'application des silicates alcalins solubles. *1 br. Lille, Danel, 1873.*

50. KUHLMANN. — Des applications du vide aux travaux industriels. *Paris, Bachelier, 1844.*

67 bis. BORRIGLIONE. — Appareil évitant les trépidations occasionnées par les marteaux et autres machines, (cahier autographié avec planche).

239. MASQUELEZ. — Note contenant l'historique de la création de l'Institut industriel, agronomique et commercial du Nord de la France. *1 fasc. Lille, Danel, 1873.*

523. L. POILLON. — Installation du service d'eaux municipal à Nijni-Nowgorod (Russie). *1 br. Paris, Ducher et Cie, 1879.*

559. Emile MOREAU. — Étude sur les travaux de la ville de Roubaix. Question des eaux. *1 br. Lille, A. Massart, 1874.*

1281. H. HERSENT. — Pont sur la Manche. — Avant-projet démonstratif.

1511. PIÉRON. — Note sur les travaux du nouveau tunnel sous la Tamise. *1 br. 1870.*

1547. L. CHANBART. — Enrochements définitifs des ouvrages d'art en lits de rivière et de mer et digues proprement dites. *1 br. 1870.*

1548. DASSOMPIERRE. — Sewrin et Villiers du Terrage, ingénieurs. — Mémoire sur le pont-viaduc du Point-du-Jour. *1 br. Dunod, 1878.*

1553. M. DARCEL. — Mémoires sur les arcs et fermes métalliques surbaissés. *1 br.*

1586. L. Chanbart. — Cours d'eau secondaires ; canaux d'irrigation et de navigation, fleuves et rivières navigables. — Résillage des enrochements ports de mer. *1 br. 1870.*

1675. Thibaut. — Rapport sur les travaux du Conseil central de salubrité du département du Nord.

1860. L'architecture et la construction dans le Nord. Société régionale des architectes du Nord de la France de 1891.

NAVIGATION.

Nos d'entrée

10. F. MATHIAS ET Ch. CALLON — Études sur la navigation fluviale par la vapeur. *1 vol. Paris, Fournier et Cie, 1846.*

244. A. PLOCQ. — Notice sur les travaux exécutés à Dunkerque en 1850 et 1851. *1 br. Paris, Dunod, 1867.*

245. A. PLOCQ. — Étude des courants et de la marche des alluvions. *1 br. Paris, Dunod, 1863.*

246. A. PLOCQ. — Notice hydrographique, géographique, historique, technique et statistique sur les ports de Gravelines et de Dunkerque. *1 vol. autographié, 1873-1874.*

332. LAVALLEZ. — Rapports sur les sondages exécutés dans le Pas-de-Calais en 1875. *1 vol. Paris, Chaix et Cie, 1875.*

1204. SOCIÉTÉ D'ÉTUDES DES TRAVAUX FRANÇAIS. — Avant-projet du canal entre l'Océan et la Méditerranée. Réponses aux questions posées par la Commission d'examen de l'avant-projet. *1 br. Paris, J. Cusset, 1885.*

1205. SOCIÉTÉ D'ÉTUDES DU CANAL MARITIME DE L'OCÉAN A LA MÉDITERRANÉE. *1 br. Paris, A. Wittersheim et Cie, 1880.*

1505. V. CAILLET. — Traité de la navigation à l'usage des officiers de la marine militaire et de la marine du commerce.

1508. W. MERCHANT. — La capacité des navires et la méthode Moorsom.

1543. F. BUQUET. — Nouveau toueur-remorqueur.

1633. GRUSON et A. BARBET. — Étude sur les moyens de franchir les chutes des canaux.

Ve Congrès de navigation Intérieure 1892. Paris, Lahure.

1818. Procès-verbaux des séances des sections et compte-rendu des excursions. *1 vol. relié.*

1819. Compte rendu sommaire des travaux du Congrès. *1 vol. relié.*

1820. Exposition de modèles, cartes, dessins et ouvrages. Catalogue. *1 vol. relié.*

1821. Communications. *8 brochures en boîte.*

1822. Vues photographiques des installations du Congrès. *Album relié.*

1789. Guide-programme officiel.

1790. Catalogue des publications parues sur la navigation intérieure.

1791. Rapports. — Sections I, II, III et IV. *Brochures.*

CHEMINS DE FER.

N°⁸
d'entrée.

91. A. Veillet et Ch⁸ Verny. — Appareil électrique prévenant les accidents de chemins de fer. *1 fasc. Lille, Lefebvre, 1873.*

320. Émile Level. — Note sur l'association des grandes Compagnies et des Sociétés locales, et de l'application de la voie étroite en vue de la construction et de l'exploitation des chemins de fer départementaux. *1 fasc. Paris, V*ᵛᵉ *Ethiou, 1875.*

314. Alp. Spée. — Exploitation des chemins de fer américains par traction mécanique. *1 vol. Bruxelles, Hayez, 1876.*

457. F. Mathias. — Appareils pour wagons de secours. *1 br. Paris, Dunod, 1878.*

570. A. Évrard. — Note sur la résistance des trains à la traction sur les petits chemins de fer. *1 br. Paris, E. Capiomont et V. Renault, 1879.*

746. L. Francq. — La locomotive sans foyer appliquée aux tramways et aux chemins de fer sur routes. *3 br. et 1 fasc. Paris, Guérin, 1879.*

788. G. Lentz. — Locomotive sans foyer pour tramways. *1 br. Paris, Bernard jeune.*

853. Ferd. Mathias. — Les nouveaux ateliers de la Compagnie du Chemin de fer du Nord, à Hellemmes-Lille, pour la réparation des locomotives et du matériel roulant. *1 br. Lille, Danel, 1882.*

1059. .... — Compound Locomotives. *1 br. Londres, Henry Chapman, mai 1885.*

1283. .... — Traction à vapeur sans feu pour le Métropolitain à Paris. *1 br. 1886.*

1301. M. Cossmann. — Note sur les trains-tramways. *1 br. 1887.*

1506. Chemins de fer. — Mémoire sur la marche à contre-vapeur des machines et locomotives.

1717. Frein Soulerin. — Frein fonctionnant indifféremment comme frein à vide et comme frein à air comprimé. *1 vol.*

1837. Chemins de fer de l'État. Compte d'administration, exercice 1879. *1 broch.*

1838. Chemins de fer français. Situation au 31 décembre 1876.

1839. Traité complet des chemins de fer économiques. *2 vol. brochés.* C. A. Opperman *(atlas et texte).*
1840. Chemins de fer de l'Europe. Résultats généraux de l'exploitation. 1868, 1869. *1 vol.*
1842. Sénat. — Session de 1878. Enquête parlementaire sur le régime des chemins de fer d'intérêt général. Déposition. *1 vol. broché.*
1843. Les chemins de fer anglais en 1893. *Malézieux, 1 vol. broché.*
1890. Ministère des Travaux Publics. — Chemins de fer de l'Europe. Résultats généraux de l'exploitation, années 1868 et 1869.

ARITHMÉTIQUE COMMERCIALE.

211. Ém. POLLET. — La Comptabilité discrète. *1 vol. Lille, Robbe Camille, 1873.*

305. H. CAVALLI. — Tableaux comparatifs des poids et mesures et monnaies modernes et anciennes. *1 vol. Paris, Paul Dupont 1874.*

316. COURCELLE-SENEUIL. — Manuel des affaires ou Traité théorique et pratique des entreprises industrielles, commerciales et agricoles. *1 vol. Corbeil, Guillaumin et Cie, 1872.*

327. V. TILMANT. — Observations sur le langage mathématique et sur l'enseignement du calcul. *1 fasc. Lille, Camille Robbe, 1874*

328. V. TILMANT. — Réforme analytique de la règle de trois ou règle d'or et notions d'analyse mathématique. *1 vol. Armand Colin, 1875.*

351. HURBIN-LEFEBVRE. — Changes et arbitrages. *1 vol. Lyon, Louis Perrin et Martinet, 1876.*

412. Em. POLLET. — La Comptabilité raisonnée et les principales lois du code de commerce. *3 vol. Lille, Vitez-Gérard, 1875.*

474. WARGNIES-HULOT. — Cours de Comptabilité. *2 vol. et 4 cahiers d'application, Charleville.*

211. E. POLLET. — La comptabilité discrète. *1 br. 1873.*

943. Victor DE SWARTE. — Traité de la Comptabilité occulte et des gestions extra-réglementaires. *1 vol. Nancy, Berger-Levrault et Cie, 1884.*

1681. V. TILMANT et F. THIÉRY. — Arithmétique et Système métrique. *1 vol. 1882.*

1712. H. TROUP. — Petit traité de comptabilité théorique et pratique augmenté de quelques notions indispensables de droit commercial. *1 vol.*

MÉCANIQUE. — MACHINES A VAPEUR.

Nos d'entrée.

8. bis. LELOUTRE, G. — Recherches expérimentales sur les machines à vapeur. Première partie. Machine à vapeur surchauffée de Hirn. (Rapport présenté à la Société industrielle de Mulhouse). *1 vol. Mulhouse, L. Bader, 1866.*

9. bis. LELOUTRE, G. — Note sur une construction graphique servant à discuter des diverses conditions de la distribution dans les machines à vapeur. (Rapport présenté à la Société industrielle de Mulhouse.) *1 fasc. Mulhouse, Vve Bader et Cie, 1875.*

393. L. POILLON. — Cours théorique et pratique des chaudières et machines à vapeur. *1 vol. Paris, J. Dejey et Cie, 1877.*

465. THIOLLIER et GUÉRAUD. — Étude sur les machines à vapeur au point de vue économique. Machines à vapeurs à tiroirs équilibrés. *1 br. Saint-Étienne, Théolier frères, 1878.*

651. Ern. PASQUIER. — Étude sur les machines à vapeur principalement basée sur les expériences de MM. G. A. Hirn et O. Hallauer. *1 br. Bruxelles, 1880.*

972. M. HIRSH. — Rapport présenté à la Commission centrale des machines à vapeur sur les études et expériences relatives à l'eau surchauffée, *1 br. Paris, Marpon, 1884.*

975. G. LELOUTRE. — Recherches expérimentales et analytiques sur les machines à vapeur. Du degré d'exactitude des données d'observation d'un essai de machine à vapeur. Réponse à M. Hirn. *1 br. Paris, Bernard Tignol, 1884.*

.... — Vérification d'une série d'essais sur une machine Wolf. *1 br. Paris, Bernard Tignol, 1885.*

1501. C. AUDENET. — Machines à vapeur marines. Étude sur les condenseurs à surface. *1 vol.*

1504. GUIDE du mécanicien-constructeur et conducteur de machines locomobiles.

1504. bis. GUIDE du chauffeur et du propriétaire de machines à vapeur.

1513. COMPTE RENDU des séances du Congrès des Ingénieurs en chef des associations des propriétaires d'appareils à vapeur, tenues à Bruxelles les 8, 9, 10, juillet 1877.

1794. L. Méhay. — Note sur une nouvelle unité d'activité, proposée pour remplacer le cheval-vapeur dans les estimations de la pratique industrielle. (*1 br. 4 ex.*)

1535. Amongaud aîné. — Extrait du 24e volume de la publication industrielle des machines-outils et appareils indicateurs métalliques, du niveau de l'eau dans les chaudières à vapeur.

1541. A. Breill et Langlois. — Incrustation des chaudières des machines à vapeur, et divers moyens de la combattre. *1 br. 1870.*

1542. Essai d'une machine Compound demi-fixe, construite par la Société centrale des ateliers de construction de machines de Pantin. *1 br. 1880.*

1544. C. Jullier. — Constructeur de machines locomotives. (*Atlas.*)

1549. Berger André et Cie, à Thann. — Essai d'une machine Corliss. *Vve Bader et Cie Mulhouse. 1878.*

1550. L. Delannay. — Étude sur les générateurs à vapeur à haute pression. *1 br. A. Chaix et Cie, 1878.*

1551. Générateurs inexplosibles Belleville. *4 br. Exposition Universelle 1878.*

1552. C. Martin. — Le substituant du condenseur à surface, nouvelle application de la vapeur surchauffée. *1 vol. 1865.*

1554. Corrosion des chaudières à vapeur. *3 br.*

1683. E. Cornut. — Étude sur la régularité dans les fournitures et sur l'homogénéité des tôles de fer et des tôles d'acier pour générateurs à vapeur. *1 br. Danel 1890.*

1705. Formule établie par M. Villié, pour déterminer la quantité de vapeur sèche fournie par une machine à vapeur. *1 br. Danel 1889, 4 exemp.*

1709. E. Julien ingénieur. — Traité théorique et pratique de la construction des machines à vapeur fixes, locomotives et marines, à l'usage des ingénieurs, mécaniciens, etc. et des élèves des écoles spéciales. *1 vol. et un atlas.*

1717. A. Witz, — La machine à vapeur. *1 vol. Paris, Baillière et fils.*

1743. V. Regnault. Relation des expériences entreprises par le Ministère des Travaux Publics et sur la demande de la Commission centrale des machines à vapeur, pour déterminer les lois et les données physiques, nécessaires au calcul des machines à feu. Tome III. *1 vol.*

1771. A. Witz. — Thermodynamique à l'usage des Ingénieurs *1 vol.*

1772. Catalogue illustré de machines et appareils de tangyes limited. Ph. Roux et Cie, ingénieurs.

1779. Cours de machines par M. Chapuy, ingénieur des mines. *1 vol.*

MOTEURS DIVERS.

Nos d'entrée

1091. Aimé WITZ. — Traité théorique et pratique des moteurs à gaz 1 vol. Paris, E. Bernard et Cie, 1886-92.

1649. .... — Les moteurs à gaz, à l'exposition de 1889. *1 br.* Paris, Bernard et Cie.

1630. P. L. DUFRESNE. — Étude historique sur l'emploi de l'air comprimé comme agent de transmission du travail à distance.

1667. NOTICE sur les ascenseurs et les monte-charges hydrauliques sans puits, système Otis. Exposition Universelle 1889. *1 br.*

POMPES.

N^{os} d'entrée.

409. CHABAL. — Note sur les essais de la pompe Greindl au port de Brest. *1 autog. Paris, Boisse et Courtier, 1877.*

1257. L. DUMONTANT ET Cie — Pompe pour refoulement à grande hauteur. *1 br. Paris, Chaix, 1886.*

1796. Pompes à vapeur Worthington. *Catalogue.*

1857. P. H. ROUX ET Cie. — Pompes à vapeur et hydraulique de Tangyes. Limited catalogue. *1 vol.*

OUTILLAGE MÉCANIQUE.

N^{os} d'entrée.

265. J. A. BARRAL. — Rapport sur les machines à moissonner. *1 vol. Paris, Lahure, 1873.*

452. F. MATHIAS. — Note sur le calcul des diamètres des cônes de transmission. *1 fasc. Lille, Danel.*

555. GUST-LACOURT. — Notice sur le mouton automoteur à vapeur. *1 fasc. Rochefort, Triaud et Guy, 1878.*

593. F. MATHIAS. — Machine à percer et à tarauder sur place les trous d'entretoises des foyers de locomotives. *1 fasc. Lille. Danel.*

618. M. TRESCA — Étude sur la torsion. *1 fasc. Paris, E. Lacroix.*

970. A. BOUSSEMAER. — Les transmissions par cordes dans les imprimeries. *1 vol. Lille, Danel, 1884.*

971. Eug. DEJONG. — La mécanique pratique à la portée de l'ouvrier mécanicien. *1 vol. Nancy, Crépin-Leblond, 1885.*

978. SMITH ET COVENTRY. — Descriptions de machines à travailler les métaux. *3 br. Paris, A. Quantin, 1884.*

1046. PIERRON ET DEHAITRE. — Album illustré de machines et appareils avec notices explicatives pour le blanchissage mécanique du linge. *1 vol. Paris, E. Watelet, 1885.*

1222. Louis DANEL. — Les presses mécaniques d'imprimerie anglaises et américaines. *1 vol. Lille, Danel, 1886.*

1255. DECAUVILLE aîné. — Catalogue illustré du « *Decauville* » chemin de fer portatif. *1 vol. Corbeil, Crété, 1886.*

1279. E. V. DAVAINE.— Mémoire sur le nouveau mode de construction de vis d'Archimède.

1318. L. MOUCHÈRE. — Machine à dévider, peser et peloter la laine, coton etc. *1887 1 br.*

1536. APPAREILS PLONGEURS DENAYROUSE. — Scaphandres perfectionnés, lampes sous-marines. *1 br. 1874.*

1538. A. MORIN — Aide-mémoire de mécanique pratique à l'usage des officiers d'artillerie et des ingénieurs civils et militaires.

1816. PROJET D'UNIFICATION DE FILETAGE ET DES JAUGES DE TRÉFILERIE.— Rapport de M. Gustave Richaud. Société d'encouragement. *1 br. Paris 1893, Chamerot et Renouard.*

INSTRUMENTS D'EXPÉRIENCES.

Nos d'entrée.

86. ter A. Thomas. — Manuel pratique du dynamomètre indicateur de Watt, et de la manière de s'en servir pour juger la marche et le rendement des machines à vapeur. *1 vol. Lille, Danel, 1873.*

238. O. Hallauer. — Note sur la construction du thermomètre différentiel à air. *1 vol. Mulhouse, Vve Bader et Cie, 1874.*

666. Louis Olivier. — Rapport à la Société industrielle d'Elbeuf sur les appareils de physique et de précision à l'exposition universelle de 1878. *1 vol. Elbeuf, 1880.*

1530. Tresca. — Procès-verbal des expériences faites sur les machines de traction de M. Lotz, aîné, de Nantes.

1537. Laurent Degoosée. — Description et manœuvre des guides d'exploration. *1860, 2 ex.*

1662. — Paulin Anault. — Outils et procédés de sondage. *1 vol.*

FILATURE.

Nos d'entrée.

217. A. Renouard. — Études sur le travail des lins (culture, rouissage, teillage, peignage et filature). *1 vol. Lille, Camille Robbe, 1874.*

232. A. Musin. — Titrage et numérotage métrique des fils. *1 vol. Roubaix, V. Béghin, 1874.*

317. A. Musin. — Observations sur le conditionnement hygrométrique des matières textiles. *1 vol. Roubaix, 1875.*

318. Ministère de l'Agriculture et du Commerce. — Projet proposé par les Chambres de commerce de Lyon, de Tarare, etc., pour modifier le système actuel de titrage des fils. *1 fasc. Paris, Imprimerie Nationale, Août 1875.*

352. Magnier, Brunet, Duplay et Cie. — Note sur les métiers à filer le lin, le chanvre, le phormium, etc. *1 fasc. Paris, Morris.*

366. A. Musin. — Tables graduées abrégeant les calculs du conditionnement hygrométrique des matières textiles. *1 vol. Lille, Danel, 1876.*

576. Paul Francezon. — Étude chimique du cocon et des produits qui en dérivent en filature. *1 br. Lyon, Le Moniteur des soies. 1875.*

615. A. Renouard. — Étude sur le travail des lins (culture, rouissage, teillage, peignage et filature), troisième édition. *3 vol. Lille, Camille Robbe.*

634. A. Renouard. — Études sur le travail des lins, chanvres, jutes, etc., 4e édition. *7 vol. Lille, Camille Robbe* (les 4e et 5e vol. en collaboration avec M. Goguel, le 6e en collaboration avec MM. Goguel et Cornut).

675. Alf. Musin. — Nouvelle étude sur l'unification du numérotage des fils de toute nature. *1 vol. Roubaix, A. Leguillon, fils, 1879.*

735. Pouchain et Lehr. — Guide pratique de filature. *2 ex. Pondichéry, 1880.*

1002. C. Leroux. — Nouveau système de rouissage et de teillage du lin et du chanvre. *1 br. Abbeville, P. Briez, 1863.*

1022. A. Renouard. — Complément des études sur le travail des lins, chanvres, etc. Études sur la fabrication des cordes, câbles, ficelles, filins, etc. *1 vol. Paris, E. Lacroix.*

1096. Joseph Hovell. — Essay on the dise and differential notions as applied to the Messrs Fairbairn, Kennedy, and Naylor's roving machines. *1 br. London, Marshall et Cie, 1875.*

1134. A. Renouard. — Extraction des fibres de palmiers dans leurs pays de production. *1 br. Lille, Danel, 1885.*

1137. A. Renouard. — Étude sur le travail mécanique du peignage du lin dans les machines de construction française. *1 br. Lille, Danel, 1880.*

1176. A. Favier. — Séance d'expérimentation de la machine à décortiquer la ramie. *1 br. Avignon, Séguin frères, 1881.*

1181. Aug. Scrive. — Guide de l'ouvrier pour la filature de lin et de l'étoupe. *1 br. Lille, Bayart, 1865.*

1183. G. De Swarte. — Nouveau traité complet, théorique et pratique sur les chanvres et jutes et leurs étoupes. *1 vol. Dunkerque, Liénard.*

1184. R. Joubert. — Du mouvement différentiel dans les bancs à broches. *1 br. Angers, Lachèse, Belleuve et Dolbeau, 1886.*

1220. G. Risler. — Principes modernes de filature de coton. Express-Carde. *1 br. Paris, Génie Civil, 1886.*

1231. E. Saladin. — La Filature de coton; numéros moyens et gros; suivie du travail des déchets et cotons gras. *1 vol. Rouen, Léon Deshays, 1885.*

1250. Charles Leroux. — Traité pratique de la filature de laine peignée, cardée, peignée et cardée. *1 vol. Paris, E. Lacroix, 1873.*

1252. Léon Lhomme fils aîné. — Traité pratique du travail de la laine cardée. *1 vol. Paris, E. Lacroix, 1873.*

1260. P. Goguel. — Note sur le renvidage des mèches des bancs à broches et sur les appareils employés pour produire la vitesse variable qu'il exige. *1 br. Lille, Danel, 1881.*

1261. P. Goguel. — Tracé des excentriques pour bobinoirs ou métiers à filer continus. *1 br. Lille, Danel, 1883.*

1262. P. Goguel. — Théorie du cardage. *1 br. Lille, Danel, 1883.*

1271. J. J. Bolette. — Continu diviseur à lames, voyageurs en acier trempé.

1366. Jules Persoz. — Essai sur le conditionnement, le tissage et le décreusage de la soie, suivi de l'examen des autres textiles. *1 vol. br. Paris, G. Masson 1878.*

1383. L. Simon. — Notes sur le travail des laines cardées. *1 br. 1888.*

1869. Jean Dalle. — Guide pratique de culture et de préparation du lin. *1 vol.*

TISSAGE ET APPRÊTS.

Nos d'entrée

95. Gand et Sée. — Traité de la coupe des velours de coton. *1 vol. Paris, E. Lacroix, 1866.*

219. Ed. Gand. — Cours de tissage. *3 vol. Amiens, Lemer-Jeunet, 1867, 1876 et 1879.*

224. Ch. Violette. — Épaillage chimique des tissus. *1 vol. Lille, Danel, 1873.*

455. Hipp. Soret. — Revue analytique des tissus anciens et modernes. *1 vol. Elbeuf, Levasseur, 1878.*

472. E. et P. Sée. — Cabinet d'architecture industrielle. Projet exposé en 1878. *1 br. Lille, Leleux, 1878.*

479. C. Grimonprez. — Tissage analysé théorie ; et pratique. *1 vol. et atlas. Saint-Quentin, Société anonyme du Glaneur, 1878.*

493. Scrive-Loyer. — Étude sur la fabrication des toiles à voiles. *1 br. Lille, Boldoduc, 1878.*

557. Ed. Gand. — Cours de tissage. *1 vol. et atlas. Manuscrit couronné, par la Société, 1875.*

699. Em. Buxtorf. — Notice sur les métiers à tricots et machines nouvelles figurant à l'exposition de 1878. *1 br. Paris. Paul Dupont, 1878.*

846. E. Saladin. — Eléments de tissage mécanique. *1 vol. Rouen, Leon Deshays, 1883.*

1158. Louise d'Alq. — Traité de la dentelle au fuseau. *1 vol. Paris, F. Ebhardt, 1879.*

1263. P. Goguel. — Détermination pratique du nombre de croisures dans les tissus croisés, mérinos ou cachemires. *1 br. Lille, Danel, 1886.*

1319. Hummel F. — The dyeing of textiles fabrics.

II. — ARTS PHYSIQUES.

CHAUFFAGE (production de la vapeur.)

N°s d'entrée.

64 bis. Testud de Beauregard. — École des chauffeurs. Étude sur les explosions fulminantes des chaudières à vapeur. *1 vol. Paris, Turfin et Juvet.*

90. Société de Mulhouse. — Association pour prévenir les accidents de machines, fondée sous les auspices de la Société industrielle de Mulhouse. Comptes rendus de 1867 à 1885, *11 vol. Mulhouse, Vve Bader et Cie, 1873.*

345. E. Lesueur. — Mémoire présenté à l'Académie des Sciences sur l'emploi du zinc comme préservatif des incrustations à l'intérieur des chaudières à vapeur. *1 fasc. Angers L. Hudon, 1875.*

429. Chaudré. — Indicateurs métalliques du niveau de l'eau dans les chaudières à vapeur. *1 br. Boulogne (Seine), Jules Boyer, 1877.*

707 A. Quérel. — Relation entre le diagramme de la machine à vapeur et la pesée d'eau d'alimentation. *1 fasc. Paris, Capiomont et Renauld, 1879.*

1284. Société Industrielle de Roubaix. — Rapport sur le clapet automatique d'arrêt de MM. Le Thuillier et Pinel de Rouen.

1648. A. Witz. — Théorie des machines thermiques. *1890, 1 br.*

1722. — Dr G. Zeuner. — Théorie mécanique de la chaleur, avec ses applications.

CHAUFFAGE & VENTILATION.

Nos d'entrée.

516. Ch. JOLY. — Traité pratique du chauffage, de la ventilation et de la distribution des eaux dans les habitations particulières. *1 vol. Paris, Lahure, 1873.*

519. Ch. JOLY. — Note sur le foyer à étages de M. Michel Perret. *1 fasc Paris, E. Donnaud, 1878.*

520. Ch. JOLY. — Note sur la ventilation des salons. *1 fasc. Paris, A. Michels.*

1063. Ed. MELON. — Note sur la ventilation des ateliers industriels au moyen de l'aérophore. *1 br. Paris, Société anonyme des publications périodiques, 1885.*

CHAUFFAGE INDUSTRIEL.

65. Charpentier, Paul. — Économie du combustible fondée sur l'application à tous les foyers du chauffage au gaz économique. 1. vol. Paris, Eug. Lacroix, 1872.

243. Sylvain Périssé. — Note sur le four à gaz avec récupérateur de chaleur, système Ponsard. 1 vol. Paris, Viéville et Capiomont, 1874.

333. Société industrielle de Mulhouse. — Etudes sur la combustion de la houille et sur le rendement de chaudières à vapeur. 1 vol. et 1 atlas. Mulhouse, Vve Bader et Cie, 1875.

337. Sylvain Périssé. — Sur la température des fours à gaz. 1 fasc. Liège, J. Desoer, 1875.

350. Société industrielle de Saint-Quentin. — Rapport sur l'emploi des houilles maigres et leur combustion à l'aide des souffleries. 1 fasc. Saint-Quentin, Jules Moureau, 1876.

374. Lucien Fouque. — Appareil économique et fumivore pour générateurs. 1 fasc. Paris, Association ouvrière.

408. H^{or} Mouquet. — Description des nouveaux appareils thermosiphones ou chauffage, par circulation d'eau chaude, des serres, jardins d'hiver, habitations, etc. 1 br. Lille, Béhague, 1877.

604. Fichet et Périssé. — Mémoire sur les procédés et applications du chauffage par gazogènes. 1 br. Paris, Imprimerie Nationale, 1880.

878. Belleville. — Note sur l'emploi des chaudières pour l'utilisation des chaleurs perdues des fours, notamment dans l'industrie métallurgique. 1 br. Paris, Chaix, 1883.

905. Aimé Witz. — Des foyers industriels. Conférences de physique appliquée. 1 br. Lille, Ducoulombier, 1879.

906. Aimé Witz. — De l'économie du combustible par les générateurs à vapeur. 1 br. Lille, Ducoulombier, 1880.

1286. A. Charneau. — Fours de verrerie à bassin continu, chauffés au gaz avec accumulateur de vapeur. 1886. 1 br.

1334. Chauffage des foyers de chaudières à vapeur. 1886. 1 br.

1811. Ch. Compère. — Note sur les conditions de recettes de tubes de chaudières multitubulaires. 1 br. Paris, Jugements civils. 1891.

ÉCLAIRAGE.

Nos d'entrée.

608. .... — Comptes rendu des Congrès de la Société technique de l'industrie du gaz en France, tenus à Nancy et à Lille. *2 vol. Paris, Mouillot, 1878. Année 1887.*

687. Pierre Desguin. — La lampe-soleil. Étude raisonnée de ce système d'éclairage électrique. *1 br. Bruxelles, A. Lefebvre, 1881.*

769. H. Giroud. — Unité de lumière. Mémoire présenté à la Société technique de l'industrie du gaz en France, sur les étalons photométriques fournis par le gaz et destinés, soit à mesurer l'intensite absolue de lumière quelconque, soit à contrôler la valeur du gaz comme matière éclairante. *1 fasc. Paris, Mouillot, 1882.*

833. L'abbé Vassart. — Résumés des conférences sur l'éclairage au gaz et à l'électricité. *1 vol. Roubaix, Lesquillon, 1883.*

1092. M. Ronderon. — Notice sur les essais de la tôle laminée de nickel dans la construction des réflecteurs d'appareils d'éclairage. *1 br. Paris, Vve Ch. Dunod, 1885.*

1123. N. H. Schilling. — Rapport sur l'état actuel de l'éclairage électrique. *1 br. Paris, Journal des Usines à gaz, 1886. 2 ex.*

1680. Ed. Melon. — Note sur le compteur à gaz. *1 br. 1886. (L. Danel).*

1744. Société technique de l'industrie du gaz en France. Compte rendu du 12e congrès, tenu les 16 et 17 juin 1885, à Bordeaux.

1745. Société technique de l'industrie du gaz en France. Compte rendu du 13e congrès tenu le 22, 23 et 24 juin 1886, à Paris. *1 vol.*

ÉLECTRICITÉ.

697. S. Tetin. — Méthode élémentaire de télégraphie électrique. Manœuvre de l'appareil à cadran. *1 br. Paris, A. Pougin, 1873.*

711. Locht-Labye. — Le téléphone, sa théorie, ses applications. Le pantéléphone. *1 br. Paris, 1880.*

724. Ministère des Postes et Télégraphes. — Congrès international des Électriciens. *Paris 1881.*

725. Compagnie des chemins de fer du Nord. — Notice descriptive des appareils électriques exposés par la Compagnie à l'Exposition internationale d'électricité de 1881. *1 vol. Lille, Danel, 1881.*

729. L'abbé Vassart. — Unification de l'heure des horloges publiques, *1 br. Roubaix, Duthoit-Paquot, 1879.*

764. R. V. Picou. — Manuel d'électrométrie industrielle. *1 vol. Paris, Masson, 1882.*

1025. C. Servier. — Étude sur le prix de revient de l'éclairage électrique par incandescence.

1253. B.-C. Damien. — Recherches expérimentales sur les variations de la force électromotrice des piles à un seul liquide formé par des dissolutions salines. *1 br. Lille, Danel, 1886.*

1302. L. H. Despeissis. — La sténo-télégraphie.

1636. .... — Rule for électrical installation.

1754. J. Cooldo. — Mémoire sur les conducteurs pour préserver les édifices de la foudre. (*1 vol.*)

1766. P. Fhictley. — Histoire de l'électricité, traduit de l'anglais par Brisson. (*3 vol.*)

1364. Dutertre. — Étude et observations sur le service téléphonique et le projet de loi. (*suite*) *1888.*

DIVERS.

454. A. LAMBERT. — Applications nouvelles de l'air comprimé. *1 fasc.* Provins, *Le Hériche.*

617. A. GIRARD. — Communication sur la production photographique des études faites au microscope. *1 fasc.* Paris, *Gauthier-Villars.*

744. MELSENS. — Rapport sur les recherches expérimentales de M. G. A Hirn sur la relation qui existe entre la résistance de l'air et sa température.

1348. H. VALLOT. — Du mouvement de l'eau dans les tuyaux circulaires.

1361. C. H. BOLZ. — Die pyrometer. *1 br.*

1699. Jules BERTRAND. — Chaudronnerie de cuivre (extracteur ou purgeur automatique de vapeur condensée). *1 br. 2 exempl.*

1704. A. BANDSEPT. — La Ventilation par l'éclairage au gaz. *1 br. 1891, Chaix.*

1704 b. F. HENRIVAUX. — Contribution à l'étude du gaz à l'eau, son emploi industriel.

1711. MUNM et C°. — Scientific American — An illustrated journal (arts sciences mechanics). *New-York. 2 vol.*

1753. F. BERTHIER. — Traité des essais par la voie sèche ou des propriétés de la composition et de l'essai des substances métalliques et des combustibles. *2 vol.*

1774. F. DETRAVE. — Notice sur la production et l'utilisation de la chaleur. *1 broch.*

1781. BLATTNER et Paul KESTNER. — Nouveau procédé pour l'extraction du cuivre des pyrites cuivreuses grillées.

1795. Le métal Compound et l'acier forgé dans la fabrication des blindages de navire. *1 broch.*

III. — ARTS CHIMIQUES.

COULEURS & TEINTURE.

Nos d'entrée.

231. F. Gouillon. — Méthode pratique d'impression des tissus en couleurs mates, dorées, argentées, bronzées, veloutées et perlées. *1 vol. Paris, Turpin et Juvet, 1874.*

306 F. Kuhlmann. — Analyse chimique de la racine de garance (rubia tinctorium). *Paris, Feugueray.*

306ter. F. Kuhlmann. — Expériences chimiques et agronomiques. *1 vol.*

476. J. Girardin. — Emploi des matières tinctoriales et extraction de l'indigo chez les anciens orientaux, *1 fasc. Rouen, J. Lecerf.*

477. J. Clouet et Dépierre. — Dictionnaire bibliographique de la garance. *1 vol. Paris, E. Lacroix, 1879.*

478. Jos. Dépierre. — Traité du fixage des couleurs par la vapeur. *1 vol. Paris, Eug. Lacroix, 1879.*

500. Théodore Chateau. — Étude historique et chimique pour servir à l'histoire de la fabrication du rouge turc ou d'Andrinople. *1 vol. Paris, Renou, Maulde et Cock, 1876.*

686. A. Letorey. — Tentures artistiques. *1 vol. Paris, 1881.*

691. J. Goppelsrœder. — Premiers résultats des études sur la formation des matières colorantes par voie électro-chimique. *1 br. Mulhouse, Vve Bader et Cie, 1881.*

856. Jules Joffre. — Note sur une nouvelle méthode pour reconnaître les matières colorantes fixées sur les fils et tissus. *1 br. Paris, Renou, Maulde et Cock, 1882.*

875. C. Batifois. — Manuel du teinturier-dégraisseur. *1 vol. Paris, E. Watelet, 1883.*

947. A. Rosenthiel. — Les premiers éléments de la science de la couleur. *1 vol. Rouen, Léon Deshays, 1884.* 2 ex.

1384. E. Noelting. — (Directeur de l'école de chimie de Mulhouse.) Histoire scientifique et industrielle du noir d'aniline. *1889.*

1638. A. M. Villon. — Traité pratique des matières colorantes artificielles dérivées du goudron de houille. *1 vol. 1890.*

1703. J. Dépierre. — Traité de la teinture et de l'impression 1re partie. Les couleurs d'aniline. *1 vol.*

1712. Piequet. — La chimie des teinturiers. *1 vol.*

1749. J.-B. Vitalès. — Cours élémentaire de teinture sur laine, soie, lin, chanvre et coton, et sur l'art d'imprimer les toiles.

1756. J. A. Chaptal. — L'art de la teinture du coton rouge, avec planches en taille douce. (*1 vol.*)

1867. H. Burin. — De l'acier et de sa trempe. *1 br.*

PRODUITS CHIMIQUES ET MÉTALLURGIQUES.

Nos d'entrée.

228. A. Lamy. — La grande industrie chimique à l'Exposition universelle de Vienne en 1873. *1 fasc. Paris, V*^{ve} *Bouchard-Huzard.*

414. Fréd. Kuhlmann. — Recherches scientifiques et publications diverses. *1 vol. Victor Masson, 1877.*

416. A. Lamy. — Rapport sur les procédés de régénération du bioxyde de manganèse dans la fabrication du chlore. *1 fasc. Paris, Jules Tremblay, 1877.*

660. J. Orthier et Muller. — Note sur la partie théorique de la fabrication des carbonates de potasse et de soude par la transformation directe des chlores correspondants. *1 br. Paris, Octave Doin, 1880.*

787. Ch. de France. — Étude sur l'extraction par voie humide du cuivre, de l'argent et de l'or. *1 vol. Bruxelles, Decq et Duhent, 1882.*

920. L. Faucher. — Note sur l'extraction du salpêtre des sels d'exsomose des fabriques de sucre. *1 fasc. Paris, Gauthier-Villars, 1883.*

1074. P. Mouilleret. — Guérison et conservation des vignes françaises. Instructions théoriques et pratiques pour l'application du sulfocarbonate de potassium aux vignes phylloxérées par le système mécanique et les procédés de P. Mouilleret et F. Humbert. *1 br. Paris, Société nationale contre le phylloxera, 1882.*

1320. E. Moride. — Traité de savonnerie. *1 vol.*

1322. Georges Krechel. — Choix des méthodes analytiques des substances qui se rencontrent le plus fréquemment dans l'industrie. *1 vol. 1887.*

1325. D. Sidersky. — Le contrôle chimique du travail des mélasses. *1887.*

1327. D. Sidersky. — Analyse des résidus qui se forment à l'extinction de l'oxyde de strontium.

1336. H. Leplay. — Endosmose de Dutrocher. Osmose de Dubrunfaut. Dialyse de Graham. *2 br.*

1341. E. Loowthien. — Principes de la fabrication du fer.

1381. Léon DELALOE. — Manuel pratique du charpentier en fer.
1680. G. FLOURENS. — Sur la saccharification des matières amylacées par les acides. *1 br. 1891. Danel.*
1806. Cyriaque HELSON. — La sidérurgie en France et à l'étranger. *5 vol. brochés texte, 5 vol. brochés planches.*
1854. W. LEVERRIER.— L'aluminium, le manganèse, le boryum, le strontium, le calcium et le magnésium. *1 vol.*

SUCRES.

Nos d'entrée.

78. ADLER, Jos. — La diffusion et la fabrication du sucre. *1 fasc. Lille, Danel, 1850.*

98. Charles STAMMER. — Traité complet, théorique et pratique de la fabrication du sucre. Guide du fabricant. *1 vol. Paris, Eug. Lacroix. 1873.*

414. F. KUHLMANN. — Quelques expériences sur la fabrication du sucre. Emploi du phosphate d'ammoniaque, 1850.

575. F. LEURS. — Guide pratique des fabricants de sucre. *1 vol. en double. Lille, Danel, 1879.*

695. PELLET et LAVANDIER. — Influence de l'acide phosphorique sur la formation du sucre dans la betterave. *1 fasc. Compiègne, Henri Lefebvre, 1881.*

889. A. PAGNOUL. — Recherches relatives à la composition de la betterave aux différentes époques de sa végétation. *1 br. Compiègne, Henri Lefebvre, 1883.*

909. Hipp. LEPLAY. — Détermination de la valeur des mélasses en distillerie à l'occasion du projet de marché de mélasse entre les fabricants de sucre et les distillateurs. *1 br. Compiègne, Henri Lefebvre, 1884.*

915. Hipp. LEPLAY. — Chimie théorique et pratique des industries du sucre. *1 vol. Paris, L. Baudoin et Cie, 1883.*

917. Hipp. LEPLAY. — L'osmose et l'osmogène Dubrunfaut dans la fabrication et le raffinage des sucres. *1 vol. Paris, P. Dubreuil, 1883.*

1041. Henry GROSJEAN. — Rapport sur l'extraction du sucre de sorgho sucré aux États-Unis en 1884. *1 br. Paris, Imprimerie nationale,* 1885

1044. Hippolyte LEPLAY. — Études chimiques sur la betterave à sucre. 1882-1885. *1 br. Compiègne, Association des Chimistes, 1885.*

1154. VALLET-ROGEZ. — La betterave riche, ses avantages et les moyens de la produire. *1 br. Lille, Castiaux, 1884.*

1215. A. DROHOJOWSKA.— Les grandes industries de la France. Le sucre. Le sucre de canne. Sucre de betterave. *1 vol. Paris, Paul Dupont 1885.*

1228. Hipp. LEPLAY. — L'impôt sur le sucre considéré au point de vue des progrès à réaliser dans la fabrication du sucre. *1 vol. Paris, P. Dubreuil, 1886.*

1238 COMITÉ CENTRAL DES FABRICANTS DE SUCRE DE FRANCE. — Sucrage des vendanges. Guide pratique des vignerons. *1 br. Paris, P. Dubreuil, 1883.*

1304. Hipp. LEPLAY. — Suppression de la mélasse par l'osmose perfectionnée dans la fabrication et le raffinage des sucres de betteraves.

1321. Hipp. LEPLAY. — Chimie théorique et pratique des industries du sucre (la mélasse dans la fabrication et la raffinage des sucres de betteraves et de cannes. 1888. *1 vol.*

1353. H. PELLET. — Nouveau procédé de dosage direct du sucre contenu dans la betterave, la canne, la bagasse, le sorgho, etc... *1 vol.*

1354. H. PELLET. — Production de la betterave riche. *1 br.*

1355. D. SIDERSKY. — Recherches sur l'analyse indirecte de la betterave à sucre. *1 br.*

1356. Hipp. LEPLAY. — Progrès à accomplir dans la culture de la betterave et dans la fabrication du sucre. (Campagnes de 1884-1885) de (1886-87). *1 br.*

1368. Hepp. LEPLAY. — Progrès accomplis dans la culture de la betterave et dans la fabrication du sucre. (Campagne de 1886-1887 et au cours de la campagne 1888-1889).

1681. D. SIDERSKY. — Traité d'analyse des matières sucrées. *1 vol.*

1702. Ch. STAMMER. — Agenda et calendrier de poche du fabricant de sucre.

AGRICULTURE & PRODUITS AGRICOLES.

Nos d'entrée.

35 bis. J. Kuhlmann. — Expériences concernant la théorie de la nitrification et la fertilisation des terres. *2 br. 2 ex.*

63 bis. J. Liebig. — De la pratique et de la théorie en agriculture. *1 vol. Lille, Danel, 1857.*

89. F. Kuhlmann. — Expériences sur la fertilisation des terres par les sels ammoniacaux, les nitrates et autres composés azotés. *Lille, Danel. 1843.*

.... — Expériences concernant la théorie des engais. *Lille. Danel, 1846.*

92. Farez. — Rapport sur les engrais chimiques. *1 fasc. Douai, Crépin.*

208 bis. Corenwinder. — Expériences sur la culture de la betterave avec les engrais chimiques. *1 fasc. Lille, Castiaux, 1874.*

212. Tripier-Durieux. — Rapport sur le rendement du blé dit d'Australie. *1 fasc. Lille, E. Castiaux, 1874.*

214, 215. Corenwinder. — Bulletins des analyses effectuées pour l'agriculture. *2 fasc. Lille, E. Castiaux, 1873.*

264. Payen. — Rapports sur le rouissage du lin, le drainage, la nouvelle exploitation de la tourbe, la fabrication et l'emploi des engrais artificiels et commerciaux. *1 vol. Paris, Imprimerie Nationale, 1850.*

287. Jules Guyot. — Etude des vignobles de France pour servir à l'enseignement mutuel de la viticulture et de la vinification françaises. *3 vol. Paris. Masson et fils, 1868.*

292. Ad. Robierre. — Notions sur l'achat et l'emploi des engrais commerciaux, les nitrates et autres composés azotés. *1 vol. Simon-Masson et fils. Paris, 1868.*

481. Deleporte-Bayart. — La taxe, la marque et l'étiquetage de la viande de boucherie, la désignation absurde du sexe des animaux dont provient la viande, et la loi du 19-22 juillet 1791. *1 br. Roubaix, Villette, 1878.*

496. A. Derome. — Notice descriptive des études comparatives faites depuis 1869 dans la culture et guide d'assolement et observations agricoles. *1 br. Lille, Leleux, 1878.*

522. J.-B. Mariage. — Monographie de la chicorée-café. *1 fasc. Valenciennes, Louis Henry, 1879.*

564. P. Dehérain. — Culture du champ d'expérience de la station de Grignon. *1 fasc. Paris, Em. Martinet, 1879.*

829. H. Lecq. — Le Soya hispida. *1 fasc. Lille, Leleux, 1881.*

840. C. Violette. — Rapport de la Commission chargée d'examiner une culture de betteraves chez M. J. Desprez, à Capelle (Nord). *1 br. Lille, Leleux, 1882.*

865. H. Pellet. — La drèche, les vaches phtisiques et le lait. *1 br. Paris, E. Bernard et Cie, 1883.*

991. C.-F. Fasquelle. — Achats des engrais complémentaires du Commerce et de l'Industrie. *1 br. Meaux, Destouches, 1883.*

992. Derome. — Culture de la betterave à sucre. Résumé des moyens pratiques qui concourent à élever tout à la fois le rendement en poids et en sucre au maximum de production. *1 br. Lille, Leleux, 1881.*

993. Richard. — L'agriculture et les haras dans leurs rapports avec la puissance militaire de la France et sa richesse agricole. *1 br. Paris, L Baudoin et Cie, 1881.*

994. Clare Read et Albert Pell. — La culture, la production et le commerce agricoles aux États-Unis d'Amérique. *1 br. Paris, Société des Agriculteurs, 1881.*

997. Hipp. Lecq. — L'exploitation agricole de la Trappe de Staouéli (Algérie). *1 br. Alger, Adolphe Jourdan, 1882.*

1008. Henry Grosjean. — Note sur l'appareil à éclosion pour poissons de M. le colonel Donald. *1 br. Paris, Imprimerie Nationale, 1884.*

1009. Société des Agriculteurs du Nord. — Conseils à suivre pour l'amélioration de la culture de la betterave à sucre. *1 br. Lille, Verly, Dubar et Cie, 1884.*

1039. M. Prouvé. — Les repeuplements artificiels dans les forêts d'Arques et d'Eawy. *1 br. Paris, Revue des Eaux et Forêts, 1884.*

1171. A. Pagnoul. — Compte rendu des expériences faites sur la culture de la betterave par M. Delisse, dans le canton de Béthune en 1885. *Paris, Sucrerie Indigène, 1886.*

1185. A. Dessort. — Notice sur la culture des graminées propres à faire des prairies et pâtures, et de la culture et de la maladie de la pomme de terre. *1 br. Cambrai, J. Renaut.*

1202. Quarré-Reybourbon. — L'horticulture au centre de la France et visite à la propriété de M. Mame, de Tours. *1 br. Lille, Danel, 1884.*

1221. Henry Grosjean. — Rapport sur les travaux de la Commission piscicole des États-Unis. *1 br. Paris, Imprimerie Nationale, 1885.*

1234. F. Vittu. — La phtisie pulmonaire (tuberculose) et l'agriculture *1 br. Lille, Camille Robbe, 1884.*

1247. Concours international de fromages au Palais de l'Industrie, 1866. Rapport au Ministre de l'Agriculture, du Commerce et des Travaux publics. *1 br. Paris, Imprimerie Impériale, 1867.*

1248. Ch.-Ern. Schmidt. — Le beurre et ses falsifications. *1 br. Lille, Castiaux, 1886.*

1270. A. Pagnoul. — Quelques recherches relatives aux terres arables. *1 br.*

1303. A. Pagnoul. — Résumé des recherches relatives à la culture de la betterave.

1326. D. Sidersky. — Étude sur les coefficients saccharimétriques appliqués à l'étude des betteraves. *1886.*

1340. A. Derome. — Enquête faite par la Société des agriculteurs du Nord sur les résultats des semis en bande.

1349. L. Godefroy. — Fabrication de l'alcool d'industrie chimiquement.

1358. Fritsch et E. Guillemin. — Culture et distillation de la betterave et du topinambour.

1360. A. Landureau — Conférence sur la culture de la betterave sucre et ses progrès depuis 20 ans.

1365. A. Duseau. — Le nématode de la betterave à sucre.

1503. Mis Ch. de Bryas. — Études pratiques sur l'art de dessécher et diverses impressions de voyage. *1 vol. broché.*

1540. M. Meunier. — Mémoire sur la pulvérisation des engrais et sur les moyens d'accroître la fertilité des terres.

1570. J. Girardin. — Du sol arable, de ses variétés et des moyens d'en apprécier les qualités. *1843.*

1634. S. S. Dehérain. — Travaux de la station agronomique de l'école d'agriculture de Grignon. *1889. 1 br.*

1642. Analyse mécanique et chimique de terres réfractaires.

1776. J. Henrivaux. — Fabrication de cidre par diffusion (diffuxa Laforêt).

1786. Annuaire de la betterave de 1893.

QUESTIONS DIVERSES.

Nos d'entrée.

422. A. Zoltrain. — Le tannage des peaux. Procédés actuellement employés (tannin) ; nouveau procédé de Charles Pavesi (Perchlorure de fer). *1 fasc. Paris, V.-A. Delahaye et Cie, 1877.*

674. A. Renouard. — De la conservation des substances alimentaires par l'acide salicylique. *1 br. Lille, Leleux, 1881.*

700. Aimé Girard. — Etude micrographique de la fabrication du papier. *1 fasc.*

732. L. Naudin. — Désinfection des alcools de mauvais goût par l'électrolyse des flegmes. *1 br. Paris, Gauthier-Villars, 1881.*

930. Gaillet et Huet. — Etude sur les eaux industrielles et leur épuration. *1 vol. Lille, Danel, 1884.*

1007. H. Fauveau. — Pétition adressée au Ministre des Finances par les distillateurs de mélasses pour obtenir une modification de l'article 9 du décret du 31 juillet 1884. *1 br. Saint-Quentin, Ch. Poiette, 1884.*

1066. Paul Hallez. — Sur un nouveau Rhizopode (Arcuothrix Babianii, nov. gen. nov. sp.) *1 br. Lille, Danel, 1885.*

1133. Paul Gaillet. — Epuration des eaux de vidange des fabriques avec utilisation des résidus. *1 br. Lille, Danel, 1886. 2 ex.*

1328. D. Sidersky. — Etude sur le dosage exact de l'incristallisable dans les matières sucrées.

1329. D. Sidersky. — Note relative à la division du saccharimètre Laurent.

1335. H. Vanneau, (l'Abbé). — Des eaux et des savons. *(1887.)*

1363. C. Girard. — De la margarine et du beurre artificiel. *2 br.*

1380. D. Max Maercker. — Traité de la fabrication de l'alcool. (Tome I et II. *1889.*)

1780. Catalogue du 1er janvier 1893, de la maison Andrieux et Cie.

1784. Piet et Cie. — Blanchisseries, désinfection, lavoirs publics. *1 br.*

1814. H. Pellet. — Dosage du sucre incristallisable dans la betterave. *1 br. Nancy, Berger-Levrault et Cie. 1893.*

1801. Alf. Tresca. — Le matériel agricole moderne, instruments extérieurs de ferme.

1803. M. Henrivaux. — Fabrication du cidre par pression et diffusion.
  1 br.

1866. Paul Hubert. — L'art de faire le cidre et les eaux-de-vie de cidre au point de vue agricole et industriel.

DOCIMASIE.

Nos d'entrée.

548. J. de MOLLINS. — Modification apportée à l'appareil de Mohr pour le dosage de l'ammoniaque. *1 fasc. 1878.*

693. H. PELLET. — Analyse des vins. Dosage de l'acide salicylique dans les substances alimentaires. Examen d'un rapport de M. Ch. Girard au Comité d'Hygiène. *1 br. Paris, Imprimerie de l'École Centrale, 1881.*

709. H. PELLET et J. de GROBERT. — Dosage de l'acide salicylique dans les substances alimentaires. *1 br. Bruxelles, Moniteur Industriel, 1881.*

BRASSERIE.

Nos d'entrée.

210. Aug^te LAURENT. — La bière de l'avenir. *1 br. Bruxelles, Laurent frères, 1873.*

497. J. PUVREZ. — Traité pratique de la fabrication des bières et du maltage des grains. *2 vol. Lille, Lefebvre-Ducrocq, 1878.*

1350. PUVREZ-BOURGEOIS. — Pratique de la fabrication des bières et du maltage des grains. *1888.*

MEUNERIE.

Nos d'entrée.

290. Ministère de l'Agriculture et du Commerce. — La mouture des grains pendant le siège de Paris. *2 vol. Paris, Imprimerie nationale, 1872.*

896. Paul Sée. — La situation de la meunerie française et les nouveaux procédés. *1 br. Lille, Verly, Dubar et Cie, 1883.*

933. Armengaud aîné. — Meunerie et Boulangerie, 1re partie. *1 vol. Paris, Armengaud aîné, 1882.*

IV. — ARTS DE LA GÉOLOGIE & DE LA MINÉRALOGIE.

MINES ET CARRIÈRES.

303. Oscar Loiseau. — Rapport présenté à la Société des minerais de la France, sur la mine de cuivre argentifère de la Prugne, (Allier). *1 vol. Liége, J. Desar, 1875.*

386. Auguste Scrive.— Communication sur le gisement de cuivre argentifère des mines de Prugne et Charrier (Allier). *1 vol. Lille, Danel. 1875.*

420. E. Vuillemin. — Les mines de houille d'Aniche. *1 vol. et un atlas, Paris, Dunod, 1878.*

489. Alf. Evrard. — Traité pratique de l'exploitation des mines. *2 vol. 1 texte et un atlas, Paris, Lahure. 1878.*

503. Canelle. — Carte minéralogique du Nord. *Lille, Vve Leroy.*

669. Dolfus-Ausset. — Matériaux pour l'étude des glaciers. *16 vol. et un atlas, 1863-1870. Strasbourg, G. Silbermann et Paris, Savy.*

681. A. Pagnoul. — Etudes sur les différentes eaux du Pas-de-Calais, avec la description de la méthode d'analyse employée. *1 br. Arras, Desède et Cie. 1881.*

825. H. Lecq. — Le domaine des sources de l'Oued et Halley (Algérie). *1 br. Alger, Lavoigne. 1882.*

835. Alfred Evrard. — Les moyens de transport appliqués dans les mines, les usines et les travaux publics. Organisation et matériel. *2 vol. et atlas, Paris, J. Baudry.*

891. E. Chavatte. — Creusement du puits de Quiévrechain. *1 br. St-Etienne, Théolier et Cie. 1882.*

950. H. Deroux. — Les câbles des mines. *1 br. Paris, Kugelmann. 1884.*

983. P. Vuillemin. — Le bassin houiller du Pas-de-Calais. Histoire de la recherche et de l'exploitation de la houille dans ce nouveau bassin. *3 vol. Lille, Danel. 1880 et 1883. 2 ex.*

1051. Haton de La Goupillière. — Rapport de la commission chargée de l'étude des moyens propres à prévenir les explosions dans les houillères. *1 vol, Paris, Dunod. 1880.*

1054. Emile Delecroix. — Note sur la proposition de loi des délégués mineurs. *1 br. St-Etienne, Théolier et Cie. 1885.*

1118. Ludovic Breton. — Etude sur la formation de la houille du bassin franco-belge, (théorie nouvelle). *1 vol. Paris, Savy, 1885.*

1193. Charles Barrois. — Sur les tremblements de terre de l'Andalousie. *1 br. Lille, Danel, 1885.*

1224. L. Desailly. — Indicateur de dépression pour l'aérage des mines. *3 ex. Mons, Hector Manceaux. 1880.*

1268. L. Parent. — Préparation mécanique des houilles dans le Nord de la France.

1293. A. Obry. — Gîtes minéraux.

1338. A. Scheurer-Kestner et Ch. Meunier-Dolfus. — Recherches sur la combustion de la houille.

1352. Recherches sur la combustion de la houille.

1357. A. Obry. — Le phosphate de chaux et les établissements Paul Desailly. *1 vol.*

1510. Z. Blanchet. — Tube atmosphérique du puits Hottinguer.

1733. A. Bury (avocat à Liège. — Traité de la législation des mines, des minières, des usines et des carrières en Belgique et en France, ou commentaire théorique et pratique de la loi du 21 avril 1810 et des lois et règlements qui s'y rattachent. *2 vol.*

1739. F. Vuillemin. — Les mines de houille d'Aniche. Exemple des progrès réalisés dans les houillères du Nord de la France pendant un siècle.

1740. Évrard. — Les moyens de transport appliqués dans les mines, les usines et les travaux publics, organisation et matériel. *1 vol. atlas.*

1741. Evrard. — Exploitation des mines. *Atlas.*

1810. Émile Delecroix. — Revue de la Législation des Mines. *1892. L. Danel, Lille. 1 vol.*

V. — ARTS DIVERS.

MÉDECINE. — HYGIÈNE. — PHYSIOLOGIE ANIMALE.

N°s d'entrée.

271. DE FREYCINET, Ch^s. — Rapport sur l'assainissement des fabriques ou des procédés d'industries insalubres en Angleterre. *1 vol. Paris, E. Thunot et Cie, 1864.*

272. DE FREYCINET, Ch^s. — Rapport sur l'assainissement industriel et municipal dans la Belgique et la Prusse rhénane. *1 vol. Paris, E. Thunot et Cie, 1865.*

340. PILAT. — Rapport sur les travaux du Conseil central de salubrité et des Conseils d'arrondissement du département du Nord pendant l'année 1874. *1 vol. Lille, Danel, 1875.*

430. HOUZÉ DE L'AULNOIT. — Étude physiologique et expérimentale sur l'asphyxie par submersion et sur les avantages de l'emploi de la sonde œsophagienne dans le traitement des noyés. *1 br. Lille, Danel, 1878.*

453. Dr A. CHASSAGNE. — Les hôpitaux sans étages et à pavillons isolés. *1 br. J. Dumaine, 1878.*

508. J. ARNOULD. — Extrait du dictionnaire encyclopédique des sciences médicales, art. France : Climatologie. *1 br. Paris, Masson.*

509. J. ARNOULD. — Conditions de salubrité des ateliers de gazage dans les filatures de coton. *1 fasc. Paris, J. B. Baillière et fils, 1879.*

517-518. Ch. JOLY. — De l'épuration des eaux d'égouts. *2 fasc. Paris, A. Michels, 1877.*

545. J. DE MOLLINS. — Mémoire sur l'épuration chimique des eaux d'égout de Roubaix. *1 fasc. Roubaix, A. Villette, 1879.*

648. J. ARNOULD. — Extrait du Dictionnaire encyclopédique des sciences médicales. Art. France. Pathologie. *1 vol. Paris, A. Lahure.*

736. T. BÉCOUR. — Etude bibliographique et clinique des injections intra-utérines. *1 br. Lille, Robbe, 1882.*

737. T. Bécour. — Rapport général sur les travaux de la Commission d'assainissement des logements insalubres, pendant l'année 1880. 2 br. *Lille, Castiaux. 1881.*

750 .... — Bulletin de la Société pour la propagation de la crémation. 1re année, N° 1. *Paris, Chaix, 1882.*

771. Chamberland. — Rôle des microbes, dans la production des maladies. *1 br. Paris, Gauthier-Villars, 1882.*

854. J. A. Fresco. — Contribution à l'étude de l'atonie nerveuse et de l'atrophie musculaire. *1 br. Paris, Parent, 1883.*

862. A. Béchamp. — Les microzymas dans leurs rapports avec l'hitérogénie, l'histogénie, la physiologie et la pathologie. *1 vol. Lille, J. Lefort, 1883.*

886. Dr Hochstetter. — Etude sur l'assainissement de la ville de Lille. *1 br. 1883.*

890. Em. Blaise et Henri Napias. — Note sur les poussières industrielles. Modifications à apporter à la législation en matière d'hygiène industrielle. *1 br. Paris, Paul Dupont, 1883.*

952. J. Moisy. — Les lavoirs de Paris. *1 br. Paris, E. Watelet, 1884.*

999. F. Guermonprez. — Etude sur les plaies des ouvriers en bois. *1 br. Lille, Bergès, 1883.*

1004. F. Guermonprez. — Etude sur les plaies déterminées par les peignes de filature. *1 br. Paris, Baillère et fils, 1883.*

1005. F. Guermonprez. — Arrachements dans les établissements industriels. *1 br. Bruxelles, A. Manceaux, 1884.*

1010. E. Leroux. — Comité des accidents de fabrique. Rapport sur les accidents dans les filatures de coton et de laine. Précautions à prendre pour les éviter. *1 br. Paris, A. Chaix et Cie. 1876.*

1011. Gaston Percheron. — Les maladies contagieuses des animaux et l'acide salicylique, suivi d'une notice sur les applications de l'acide salicylique aux usages domestiques par Schlumber. *1 br. Paris, A. Clavel, 1881.*

1024. Emile Cacheux. — Etat, en l'an 1885, des habitations ouvrières parisiennes. *1 br. Laval, E. Jamin. 1885.*

1071. Fr. Guermonprez. — Le crin de Florence et sa valeur thérapeutique. *1 br. Paris, Octave Douin. 1885*

1072. Fr. Guermonprez. — Corps étrangers, spéciaux aux ouvriers de la métallurgie. *1 br. Paris, J.-B. Baillère et fils. 1883.*

1073. Fr. Guermonprez. — Arrachements dans les établissements industriels. *1 br. Lille, L. Quarré. 1884.*

1107. Pierson et F. Dehaitre. — Etuves de désinfection. Désinfection générale. Appareils divers. Désinfection de l'eau. *1 br. Paris, Watelet. 1885.*

1110. A Mille. — Assainissement des villes par l'eau, les égouts, les irrigations. *1 vol. Paris, Vve Ch. Dunod 1886.*

1126. Paul Hallez. — Pourquoi nous ressemblons à nos pères. *1 br. Paris, Octave Douin, 1886.*

1128. Paul Hallez. — Recherches sur l'embyrogénie et sur les conditions du développement de quelques nématodes. *1 br. Paris, Octave Douin. 1885.*

138. Fr. Guermonprez. — La ladrerie chez l'homme. Revue critique. *1 br. Paris, H. Lauweyrens. 1883.*

1139. L. Faucon. — Accidents dus à l'anesthésie par le chloroforme. Trois cas de syncope chloroformique, combattus avec succès. *1 br. Paris, J.-B. Baillière et fils. 1883.*

1140. Henri Grosjean. — Note sur le poisson-chat. *1 br. Paris, Imprimerie Nationale. 1884.*

1145 Fr. Guermonprez. — Troubles nerveux consécutifs à une fracture du crâne, etc., par accidents de chemin de fer. *1 br. Paris, J.-B. Baillière et fils. 1883.*

1146. Fr. Guermonprez. — Étude sur la réduction de la luxation du pouce en arrière au moyen des manœuvres de douceur. *1 br. Paris, J.-B. Baillière et fils, 1882.*

1147. Fr. Guermonprez. — Notes cliniques sur quelques plaies des doigts. *1 br. Paris, J.-B. Baillière et fils, 1881.*

1148. Fr. Guermonprez. — Manœuvres de réduction appliquées à un cas de traumatisme du rachis. *1 br. J.-B. Baillière et fils, 1883.*

1149. Fr. Guermonprez. — Simulation des douleurs d'origine traumatique. Diagnostic par les courants induits et interrompus. *Paris, J.-Baillière et fils, 1881.*

1150. Fr. Guermonprez. — Étude sur la dépression du crâne pendant la seconde enfance. *1 br. Paris, P. Asselin, 1882.*

1151. Fr. Guermonprez. — Note sur un cas de cysticerque du sein, etc. *Lyon, Association typographique, 1883.*

1152. Fr. Guermonprez. — Lésions tardives après un traumatisme du rachis. *1 br. Paris, J.-B. Baillière et fils, 1883.*

1153. Fr. Guermonprez. — Note sur le traitement de la pseudarthrose du tibia. *1 br. Bruxelles, H. Manceaux, 1883.*

1173. Le Sueur.— Le miasmifuge, filtre à air portatif.Sa description. *1 vol. Paris, A. Davy, 1884.*

1182. L'hygiène et l'Industrie dans le département du Nord. Vade-mecum des conseils de salubrité, des Industriels et des fonctionnaires chargés de la police sanitaire. *1 vol. Lille, Danel, 1857.*

1199. A. Faucon. — De l'emploi de la méthode antiseptique comme moyen préventif de la fièvre puerpérale. *1 br. Paris, J. B. Baillière et fils.*

1269. L. Evrard. — La Salute del popolo. *2 br. 1886.*

1307. Rapports des travaux de la commission d'hygiène urbaine et commission d'assainissement des logements insalubres. *Années 1884 à 86.*

1323. L. Evrard. — La santé du peuple *1 vol.*

1486. Rapport sur les travaux du Conseil central de salubrité et du Conseil d'arrondissement du département du Nord. Année 1889.

1494. Rapport sur les travaux du Conseil central de salubrité du département de l'Oise. 1865.

1526. Villette de Terzé. — La vaccine, ses conséquences funestes.

1534. Appareil portatif et diviseur instantané. *1 br. 1867.*

1647. E. Chevallier. — La médecine pratique dans les campagnes. 1889. *1 br.*

1675. Rapport sur les travaux du Conseil central de salubrité et du Conseil d'arrondissement du département du Nord. 1873.

1693. Le Turq des Prosiers. — Publication de la Société française d'hygiène. Le café, une révolution dans ses procédés de torréfaction. *1 br. 1890.*

1777. Table présentant par ordre alphabétique les matières traitées par les Conseils d'hygiène et de salubrité du département du Nord de 1879 à la fin de 1888, par Auguste Marquilly, secrétaire du Conseil central. *1 broch.*

1778. Rapport sur les travaux du Conseil général de salubrité et des Conseils d'arrondissement du département du Nord, pendant l'année 1891, présenté par M. le Préfet du Nord par M. Thibaut, Secrétaire général, Inspecteur de la Salubrité, Professeur agrégé à la Faculté de médecine.

1804. Alfred Giard. — Bulletin scientifique de la France et de la Belgique.

1797. Thiébaut. — Rapport sur les travaux du Conseil central de salubrité et du Conseil d'arrondissemeet du département du Nord pendant l'année 1891. *1 vol. Lille.*

VI. — POLYGRAPHIE SCIENTIFIQUE ET TECHNOLOGIQUE.

DICTIONNAIRES ET MANUELS.

99. LABOULAYE. — Dictionnaire des arts et manufactures et de l'agriculture. 4 vol. *Paris, Vieville et Capiomont, 1874. Édition 1845-1847. 2 vol. et complément de 1861.*

100. M.-N. BOUILLET. — Dictionnaire universel d'histoire et de géographie. 2 vol. *Paris, Hachette et Cie, 1872.*

201. J. CLAUDEL. — Aide-mémoire des ingénieurs, des architectes, etc. Partie théorique. 1 vol. Partie pratique, 2 vol. *Paris, Dunod, 1871.*

203. H. SONNET. — Dictionnaire des mathématiques appliquées. *1 vol. Paris, Hachette, 1874.*

204. E. LITTRÉ. — Dictionnaire de la langue française. *5 vol. Paris, Lahure, 1873.*

216. RUMPF et UNVERZAGT. — Dictionnaire de poche technologique en 3 langues, Français-Allemand-Anglais. *3 vol. London, Trübner et Paternoster, 1872.*

206. GUILLAUMIN ET Cie. — Dictionnaire universel théorique et pratique du commerce et de la navigation. *2 vol. Paris, Guillaumin et Cie, 1873.*

535. O LAMI et A. THAREL. — Dictionnaire encyclopédique et biographique de l'industrie et des arts industriels. *9 vol. Librairie du Dictionnaire de l'Industrie, 1881, (à suivre).*

979. VIVANT. — Dictionnaire technique anglais-français. *1 vol. Paris, Baudoin et Cie, 1885.*

1316. LA GRANDE ENCYCLOPÉDIE. — Inventaire raisonné.

1645. J. HENRIVAUX. — Verre, verreries. Articles extraits du dictionnaire encyclopédique de l'industrie et des arts industriels.

SCIENCES APPLIQUÉES.

1715. ASSOCIATION FRANÇAISE pour l'avancement des sciences. *vol. reliés 1875, à Paris, in 8°. Don de M. Faucheur.*

1730. INTRODUCTION au dictionnaire de chimie industrielle. *1 vol.*

1731. BARRESWIL et Aimé GIRARD. — Dictionnaire de chimie industrielle. *3 vol.*

1862. A. MAME et FILS. — Nouveau Dictionnaire universel illustré. *1 vol.*

BREVETS D'INVENTION.

475. Ministère de l'Agriculture et du Commerce. — Désignation et prix des fascicules parus, des brevets pris en 1861, 62, 63, 64, 71, 72, 73, 74, 75. 1 feuille. *Paris, Imprimerie Nationale, 1877.*

976. Ministère du Commerce. — Catalogue des brevets d'invention. *1 vol. Paris, J. Tremblay, 1884.*

977. Ministère du Commerce. — Descriptions des machines et procédés pour lesquels des brevets d'invention ont été pris. *1 vol. Imprimerie Nationale 1884.*

1119. Ministère du Commerce. — Description des machines et procédés pour lesquels des brevets d'invention ont été pris sous le régime de la loi du 5 juillet 1844. Tome 68. *2 vol. 1re et 2e partie.*

1770. Descriptions des machines et procédés pour lesquels des brevets d'invention ont été pris sous le régime de la loi du 6 juillet 1844. (Tome 69) *Paris, Imprimerie Nationale.*

EXPOSITIONS.

51. EXPOSITION UNIVERSELLE de 1889. — Catalogue officiel. *4 vol. rel.*

75. bis. ALCAN. — Expositions internationales, Londres 1872. Rapport sur le coton, sa transformation et ses produits. *1 fasc. Paris, Imprimerie Nationale, 1873.*

79. .. .. — Compte-rendu du Congrès des agriculteurs du Nord de la France, tenu à Cambrai. *1 vol. Cambrai, Lévêque, 1846.*

97. EXPOSITION UNIVERSELLE DE PARIS 1889. — 2e Congrès international des Directeurs des stations agronomiques et des laboratoires agricoles. 27, 28 et 29 juin, 1889. Analyse de la betterave. Dosage direct du sucre cristallisable.

233. B. CORENWINDER. — Rapport sur l'Exposition agricole collective du département du Nord, à l'Exposition universelle de Paris, en 1867. *1 vol. Lille, Blocquel-Castiaux, 1868.*

266. MINISTÈRE DU COMMERCE. — Exposition universelle, 1851, Paris. Rapports et travaux de la Commission française sur l'industrie des Nations. *34 vol. Paris, Imprimerie Nationale, 1854 à 1873.*

268. MINISTÈRE DU COMMERCE. — Rapports sur l'Exposition internationale de Londres, 1871. *1 vol. Paris, Jules Claye, 1873.*

269. MINISTÈRE DU COMMERCE. — Rapports sur l'Exposition internationale de Londres, 1872. *1 vol. Paris Jules Claye, 1873.*

415. KUHLMANN fils. — Rapports sur les produits chimiques de l'Exposition de Philadelphie en 1876. *1 br. Paris, Imprimerie Nationale, 1877.*

441. E. LACROIX. — Etudes ou rapports sur l'Exposition de 1878 à Paris. Annales et archives de l'industrie au XIXe siècle. *9 vol. et 2 atlas, Paris, E. Lacroix.*

501. ARMENGAUD. — Les moulins à farine à l'Exposition universelle internationale de 1878. *1 br. Paris, Armengaud, 1878.*

586. DELEPORTE-BAYART. — Exposition universelle de 1878. Compte rendu des résultats obtenus par l'exposition collective agricole du département du Nord. *1 vol. Roubaix, Florin, 1879.*

633. Georges C.-M. BIRDWOOD. — Exposition universelle de Paris 1878. Manuel de la section des Indes Britanniques. *4 vol. Londres, George E. Eyre et William Spottiswoode, 1878.*

692. G. Demeule. — La mécanique générale à l'exposition universelle de Paris 1878 dans ses rapports avec l'industrie elbeuvienne. *2 vol. Elbeuf, Levasseur, 1880.*

704. Société Industrielle d'Amiens. — Compte-rendu de l'inauguration de la première exposition ouvrière 1881. *1 br. Amiens, Jeunet, 1881.*

772. A. Renouard. — Rapport général sur l'exposition d'Art Industriel de Lille. *1 br. Lille, Danel, 1882.*

773. A. Ladureau. — Compte rendu du Congrès betteravier tenu à Paris en 1882. *1 vol. Lille, Danel, 1882.*

795. Ministère du Commerce. — Expositions internationales. Londres 1871. Rapports. Œuvres d'art et produits industriels. *2 vol. Paris, J. Claye, 1872. ix-12 12-8.*

796. Ministère du Commerce. — Expositions internationales. Londres 1872. Œuvres d'art et produits industriels. *2 vol. Paris, J. Claye, 1873.*

797. Ministère du Commerce. — Expositions internationales. Londres 1874. Rapports. Œuvres d'art et produits industriels. *2 vol. Paris, J. Claye, 1874. in-12 12-8.*

93. Ministère du Commerce. — Exposition universelle de Vienne. Rapports. Produits industriels. *6 vol. Paris, J. Claye, 1875.*

799. Ministère du Commerce. — Exposition internationale Philadelphie 1876. Rapports. Œuvres d'art et produits industriels. *2 vol. Paris, J. Claye, 1877.*

800. Exposition Universelle de Paris 1878. — Liste du Jury.

859. .... — Exposition internationale d'arts industriels au Palais Rameau à Lille. *1 vol. Lille, Danel, 1883.*

897. L. Danel et E. J. Assez. — Rapport présenté au Ministre du Commerce, sur l'imprimerie et la photographie, à l'Exposition internationale et coloniale d'Amsterdam 1883. *1 br. Lille, Danel, 1883.*

1514. E. Cornut. — Exposition universelle de 1878. Association des propriétaires d'appareils à vapeur du Nord de la France, normande et parisienne.

1523. Exposition Universelle de 1878. — Catalogue des échantillons des matériaux de construction.

1558. Exposition Universeele de 1867. — Notice sur les modèles, cartes et dessins relatifs aux travaux publics, *2 vol.*

1574. EXPOSITION UNIVERSELLE DE 1878. — Schneider et Cie. Usines du Creusot et armes.

1697. Michel CHEVALIER. — Rapport du Jury international. *28 vol.*

1611. EXPOSITION UNIVERSELLE DE 1878. — Compagnie des fonderies et forges de Terre-Noire, La Voulte et Bessèges.— Historique et statistique de la Compagnie.

1621. EXPOSITION UNIVERSELLE DE 1889. — Notice sur le matériel et les objets exposés par la Compagnie du Nord.

1627. CHARTRON. — Aperçu général des dispositions et installations de l'exposition universelle de 1889.

1644. EXPOSITION UNIVERSELLE DE 1889. — La verrerie. *1 br. Jules Henrivaux.*

1691. EXPOSITION UNIVERSELLE DE 1878. — Album des machines d'apprêts exposées par MM. Gosselin, père et fils constructeurs-mécaniciens à Sedan. *br. 2 ex.*

1707. Ch. HELSON. — Exposition universelle de 1889. Métallurgie. Classe 41. La métallurgie du fer dans le département de la Seine.

1736. Ch. VIGREUX fils. — Revue technique de l'Exposition universelle de 1889, par un Comité d'ingénieurs, de Professeurs, d'Architectes et de constructeurs.

1742. EXPOSITION UNIVERSELLE DE 1889. — Exposition collective de l'industrie du gaz ; le pavillon du gaz.

1794. ....— Les expositions de l'État au Champ-de-Mars et à l'esplanade des Invalides. *2 vol.*

1798. Alfred PICARD. — Exposition universelle internationale de 1889. Rapport du jury international, publié par la direction de A. P. *22 vol. brochés.*

1799. M. GRILLE. — Revue technique de l'Exposition universelle de Chicago en 1893.

D. — OUVRAGES DIVERS.

5. O'Reilly, — Annales des arts et manufactures. *50 vol. Paris, 1800 à 1813.*
21. The institution of civil engineers. *2 vol.*
59. Encyclopédie commerciale et industrielle. — Revue pratique du commerce et de l'industrie, dans les deux mondes.
61. .... — Notice sur les travaux scientifiques de F. Kuhlmann. *1 br. Lille, Danel, 1873.*
62. Dumas. — Rapport à l'Académie sur la candidature F. Kuhlmann. *1 fasc. Lille, Danel, 1873.*
67. A. Bouvier. — Les mammifères de la France. *1 vol. br. Jans, Carré.*
70. Compagnie générale pour le curage et l'entretien des fleuves et des ports.
72. Turgan. — Les grandes usines de France. Tableau de l'industrie française au XIXe siècle. *12 vol. Paris, Librairie Nouvelle, 1860-1879.*
234. E. A Vrau. — Eléments de grammaire anglaise. *1 br. Landrecies, Deloffre, 1873.*
235. G. Leroi. — Catalogue des lépidoptères du département du Nord. *1 vol. Lille, Danel, 1874.*
242. Louis Chauveau. — Itinéraire du chemin de fer de Boulogne à St-Omer, par les vallées de la Liane et de l'Aa. *1 vol. Boulogne-sur-Mer, Ch. Aigre, 1874.*
334. L. Malo. — Notice sur Eugène Flachat. *1 br. Paris, Société des Ingénieurs civils.*
338. Académie de Douai. — Comptes rendus des travaux de l'année scolaire 1874-75. *1 br, Douai, Duthilleul, 1875.*
358. V. Legros. — Etude sur le pas. *1 br. Lille, Danel, 1876.*
359. V. Legros. — Etude expérimentale sur la marche. *1 br. Paris, Tanera, 1876.*

363. Seigle-Agnellet.— Note sur les travaux de M. Alcan. *1 br. Lyon, Storch, 1876.*
413. .... — L'affaire Philippart. *1 br. Paris, Paul Dupont, 1877.*
471. Emile Cussac. — Céramique. Notice raisonnée sur les faïences formant la collection de l'auteur. *1 br. Lille, Danel, 1878.*
534. La Faculté de Médecine et de Pharmacie de l'Université catholique de Lille. — Historique des difficultés qui précédèrent sa formation. *1 br. mai, 1879.*
541. Société Industrielle d'Amiens. — Catalogue de la bibliothèque 1879. *1 vol. Amiens, T. Jeunet, 1879.*
577. Morgand et Fatout. — Bulletin mensuel de la librairie Morgand et Fatout 1878 à 1885. *10 vol. Paris. manquent 4 vol.*
594. Académie de Douai. — Séance annuelle de rentrée des Facultés 1879, 1882 et 1883. *Douai, Duthilleul, 2 vol.*
595. Armengaud. — Biographie de M. Gargan, constructeur de machines. *1 br. Paris, J. Claye, 1880.*
643. Benj. Rampal.— Philippe de Girard. *1 br. Paris, Jouaust et fils, 1863.*
644. B^{on} Ch. Dupin. — Rapport au Sénat sur des pensions à accorder aux héritiers de Philippe de Girard. *1 fasc. Paris, Noblet, 1853.*
645. Philippe de Girard. — Mémoire sur la priorité due à la France dans l'invention des machines à filer le lin et sur les droits exclusifs de M. Philippe de Girard à la création de cette grande industrie. *1 fasc. Paris, 1844.*
646. Comtesse de Vernède de Corneillay dite de Girard. — Pétition adressée au Sénat. *1 br. Paris, 1863.*
668. .... — 25e anniversaire de l'Association des Ingénieurs de Vienne. *1 br. Vienne, 1873.*
677. Dr Arnould. — Rapport sur le projet d'un hôpital maritime pour les maladies chroniques de l'enfance dans le Département du Nord.
727. J.-A. Normand. — Augustin Normand et Frédéric Sauvage. *1 br. Paris, Gauthier-Villars, 1881.*
741. Société Industrielle de Mulhouse. — Bulletin spécial publié à l'occasion du 50me anniversaire de la fondation de la Société, célébré le 11 mai 1876. *1 vol. Mulhouse, Vve Bader et Cie, 1876.*

753. L. Figuier. — L'année scientifique et industrielle. Années 1880 à 1883. *5 vol. Paris, Hachette et Cie*.

777. J.-M.-A. Pérot. — L'homme et Dieu. Méditation physiologique sur l'homme, son origine et son essence. *1 vol. Paris, Strauss, 1881.*

790. V. Henry. — Esquisses morphologiques. Considérations générales sur la nature et l'origine de la flexion indo-européenne. *1 br. Lille, Quarré, 1882.*

791. V. Henry. — La distribution géographique des langues. *1 br. Lille, Danel, 1882.*

808. Duplan. — De la réorganisation du Crédit foncier en France.

841. Séances annuelles de rentrée des Facultés. 22 novembre 1882. 21 novembre 1883.

936. G. A. Hirn. — Biographie de O. Hallauer. *1 br. Mulhouse, Vve Bader et Cie, 1884.*

951. J. M. A. Pérot. — Allégories sociales, morales et philosophiques. *1 vol. Paris, Librairie populaire, 1882.*

1016. .... — Stenographisches Protokoll über die vom 30. April bis inclusive 8. Mai 1883 im Gewerbe Ausfchüsse des Abgeordnetenhauses stattgehabte Enquête über die Arbeitergesetzgehung. *1 vol. Vienne, 1883.*

1045. A. Goblet. — Discours prononcé le 14 avril 1885, au Congrès des Sociétés savantes.

1103. Les grandes usines de Turgon. — Revue périodique des arts industriels.

1127. J. Boussinescq. — Quelques mots sur la vie et l'œuvre de M. de Saint-Venant. *1 br. Lille, Danel, 1886.*

1143. .... — Organisation chrétienne de l'Usine par un industriel. Congrès de Nantes, août 1873. 2e question. *1 br. Paris, Bureau de l'Union, 1873.*

1144. .... — Organisation chrétienne de l'Usine par un industriel (2e partie). Congrès de Lyon, août 1874. 27e et 28e questions. *1 br. Paris. Bureau central de l'Union, 1874*

1164. ....— Notice sur M. Charles Pieile. *1 br. Lille, Lefebvre-Ducrocq, 1881.*

1170. Gustave Desrousseaux. — Marquette. Dédié aux fondateurs du tissage de Marquette. *1 br. Lille, L. Lefort, 1853.*

1191. De Saint-Venant. — Supplément à la notice sur la vie et les travaux du comte de Buat. *1 br. Lille, Danel, 1885.*
1192. Communication de M. Damiens, sur les pluies tombées en 1884, dans le département du Nord. *1 br. Danel, 1885.*
1201. Corenwinder. — Discours prononcé sur la tombe de J.-B. Lepeuple. *1 br. Lille, Danel.*
1217. Blétry frères. — La conquête de l'air. *1 br. Paris, Blétry fr. 1886.*
1219. Quarré-Reybourbon. — De Paris à Londres au commencement du XVIIIe siècle. *1 br. Lille, Danel, 1885.*
1245. A. Renouard. — La vie et les travaux de Benjamin Corenwinder. *1 br. Lille, Verly, Dubar et Cie, 1884.*
1267. James Wood. — The Life of sir Walter Scott. *1 vol. Edimbourg, Ballantyne, Henson et C°, 1886.*
1292. A. Buisine. — Thèses présentées à la Faculté des Sciences de Paris, *1887.*
1314. F. Pottier. — Histoire de l'Ecole centrale. *1 vol.*
1315. Spuller. — Discours prononcé le 4 juin 1887 au congrès des Sociétés savantes.
1331. A. Béduvez. — Simon Stevin et Hubert Goffin. *2 broch.*
1332. R. Harthaug. — Liévin Bauwer et John Cockerill. *2 broch.*
1344. E. Luquien. — Enseignement technique pour les jeunes filles. *1 vol., 1887.*
1370. Quarré-Reybourbon. — Chronique d'une maison lilloise, racontée par ses parchemins. *1885.*
1371. .... — Blankenberghe et ses environs. *1886.*
1372. .... — Histoire de la ville de Béthune.
1373. .... — Ville de Gannat et son évangéliaire du Xe siècle. *1886.*
1374. .... — Souvenir béthunois. — Un souvenir de la Révolution à Béthune. *1886.*
1375. .... — Notes bibliographiques et catalogue de plans et gravures concernant le bombardement de Lille en 1792.
1376. .... — Pascal-François-Joseph Gosselin, géographe lillois. *1887.*
1377. .... — Notice sur J.-B. Wales, membre de la Société des sciences de Lille et professeur au collège de la même ville. *1 broch., 1888.*

1378. Quarré Reybourbon —. Mémoriaux d'Antoine de Succa, recueil de dessins artistiques concernant les Pays-Bas, particulièrement la ville de Lille.

1387 à 1399. Série de brochures et ouvrages relatifs au percement du canal de Suez.

1470. F. Deschamps. — Bohême et Normandie, scène-dialogue en vers. *1 broch.*

1471. Deschamps. — La loi du progrès. *1 broch., 1851.*

1476. Degouve-Denuncque. — Biens de la maison d'Orléans, défense du droit de propriété.

1478. D. Thibault. — Aclimatement et colonisation, Algérie et colonies. *1 broch., 1859.*

1489. Robinet. — Eaux de Paris. — Réponses aux adversaires des projets de la ville de Paris. *1862.*

1490. Labry. — Ouverture permanente des villes fortifiées. *1863.*

1502. Ensemble de l'univers et principes généraux de la dynamique. *1878.* *1 broch.*

1511. Piéron. — Notes sur les travaux d'un nouveau tunnel sous la Tamise.

1545. Charles Laurent. — Appareils de sondage. *1 broch.*

1546. Charles Laurent. Dégoussé. — Description et manœuvre de sonde d'exploration. *1860, 1 br.*

1557. L. N. B. Wyse, A. Reclus et Josa. — Rapports sur les études de la Commission internationale d'explorations de l'isthme américain. *1879.*

1559. Olivier Ritt. — Etude sur l'opportunité et les moyens de dessécher et de mettre en culture le bassin du lac Meuzolch. *1868.* *1 broch.*

1560. J. Belly. — Percement de l'isthme de Panama par le canal de Nicaragua.

1561. Emile Gaget. — Le canal maritime d'Amsterdam à la mer du Nord.

1562. Ed. Fuchs. — L'isthme de Gabès et l'extrémité orientale de la dépression saharienne.

1563. Poucher et G. Santereau. — Canal interocéanique maritime de Nicaragua. *1879.*

1564. Le nouveau Brest. — 1864, imp. du Corps législatif. *1 broch.*

1565. Ch. Laurent. — Mémoires sur le Sahara oriental au point de vue de l'établissement des puits artésiens. *1 broch., 1859.*

1566. Note sur un projet ayant pour but d'approvisionner Lyon et ses faubourgs à l'aide des eaux du Rhône. *1843, 1 broch.*

1567. Henry E. DE LA BÊCHE. — Recherches sur la partie théorique de la géologie, traduit de l'anglais. *1838. 1 broch.*

1568. DE BOUCHEPORN. — Explication de la carte géologique du département de la Corrèze. *1875, 1 broch.*

1569. POTIER et LEFORT. — Etudes sur les eaux minérales et thermales de Plombières. *1862. 1 vol.*

1571. E. BERGERON. — Canal souterrain de la Loire. Projet pour opérer la jonction du Rhône et de la Loire. *1840. 1 broch.*

1572. J. DAVID. — La Seine et ses affluents. *1 vol., 1874.*

1573. NADAUD DE BUFFON. — Des alluvions modernes. *1 vol., 1873.*

1575. Notice biographique de Jules Callon, inspecteur général des mines, et discours prononcé sur sa tombe. *2 broch., 1875.*

1580. Ch. LAURENT. — Recherches sur la géographie des anciens peuples comparée à la forme actuelle des bassins modernes, pour servir à l'étude des cours d'eau souterrains.

1581. Notice géologique sur les environs de Forge-les-Eaux. *1847-1848, 1 broch.*

1584. Albert DE L'APPARENT. — Conseils à un jeune amateur de géologie, poème didactique. *1 broch., 1867.*

1585. PETIT DE LA SAURSAGE. — Instruction sur la recherche des coquilles marines, terrestres et fluviales. *1 broch., 1851.*

1587. JACQUOT. — Note de géologie.

1588. Rapport à M. le Maire de Lyon sur les observations recueillies par la commission hydrométrique. *1 broch.*

1589. VIRLET D'AOUST. — Les origines du Nil *1 br., 1872.*

1599. Illustrated catalogue of Gerynme et Company's patented and improved machinery.

1600. Transformation de la vidange et suppression de la voirie de Bondy. Irrigation avec les eaux d'égouts.

1601. RAILLARD, ingénieur en chef des Ponts et Chaussées. — Notice sur les tramways de la Belgique, suivie d'un appendice sur les courbes et raccordements de ces voies ferrées.

1602. Rapport sur la nomenclature des rues de Paris et le numérotage des maisons, à M. le Préfet de la Seine. *1876.*

1605. Discours de M. Daubrée, prononcé à l'inauguration de la statue de M. Elie de Baumont, le 6 août 1876.

1606. General raport by captain tyler to the board of trade the upon accidents onihcs have occurred on railways during the year. *1874.*

1611. Compagnies des fonderies et forges de Terre-Noire, La Voulte et Bessèges. *1 broch.*

1612. Bulletin du Comité des Forges de France. — 15 juin 1873.

1616. B. Daiseaux. — République argentine. *1889. 6 broch.*

1626. Renier et Fallières. — Congrès des Sociétés savantes discours prononcé le 15 juin 1889.

1632. Ange Descamps. — Étude sur les contributions directes. *1 br. 1889.*

1643. J. Henrivaux. — Le verre et le cristal.

1646. J. Henrivaux. — Conférence sur St-Lo, bains, bourg, forêt et manufacture de glaces. *1 br.*

1655. Cercle Mulhousien. — Association populaire (cercle ouvrier). *1 br.*

1660. G. Théry. — Du louage d'industrie. *1 br.*

1661. L. Delisle. — Littérature latine et histoire du moyen-âge.

1673. Congrès international des mines et de métallurgie, séances des 4 et 11 septembre 1889. — Communication de M. Lencaucher.

1675. Revue de Lille dirigée par une Société de Professeurs des Facultés catholiques. *1re livraison, décembre 1890.*

1676. Eug. Seligot. — Le verre son histoire, sa fabrication. *1 vol. br. Paris. G. Manon.*

1676. bis. Revue catholique des institutions et du droit, par une Société de jurisconsultes. xix année, 1er semestre.

1677. A. de Barthélémy. — Numismatique de la France. *1 br. 1891.*

1678. Congrès des Sociétés savantes, discours prononcé par M. G. Boissier à la séance générale du Congrès le 27 mai 1891.

1684. L'état de la métallurgie, 1784-1889, par A. Hallopeau. *1 br. 1889, impr. nationale.*

1685. Ed. Le Blant. — L'épigraphie chrétienne en Gaule et dans l'Afrique romaine.

1685. bis. A la mémoire de Fr. Mathias, Ingénieur en chef du matériel et de la traction du chemin de fer du Nord. *1890. Danel.*

1686. Manufacture J. Thiriez père et fils. — Notice sur les institutions ouvrières annexées à l'établissement. *Liégeois-Six.*

1688 bis. INSTRUCTION PRATIQUE POUR LES INDUSTRIELS, occupant des enfants apprentis ou filles mineures. *1 br. 1886. Chaix.*

1696. E. VIGREUX. — Théorie et pratique, de l'art de l'Ingénieur du constructeur des machines et de l'entrepreneur des travaux publics. *2 br.*

1697. A. RENOUARD. — Rapport général sur l'exposition d'art industriel de Lille au Palais Rameau en 1882. *L. Danel.*

1700 LEURIDAN et l'abbé VASSEUR. — Notices sur les personnages qui doivent être représentés par des statues ou des bustes à l'école des arts et métiers de Roubaix.

1701. TABLE DES MATIÈRES et sujets traités au Comité d'utilité publique de commerce et d'histoire, de statistique et de géographie. *1 br. 1891. Mulhouse.*

1706. ÉCOLE FRANÇAISE DE BONNETERIE, fondée à Troyes. *1890. 1 br. 2 ex.*

1707. G. FRANÇOIS. — La circulation métallique et fiduciaire aux États-Unis.

1708. BULLETIN DE LA SOCIÉTÉ DES ÉTUDES INDO-CHINOISES. 1891.

1720. CATALOGUE DES LIVRES composant la bibliothèque de M. le Bon James de Rothschild. *2 vol Don. Bigo-Danel.*

1721. Henri BÉRALDI. — Estampes et livres. 1872-1892. *1 vol. Don. Bigo-Danel.*

1725. G. BARRAL. — Le Panthéon Eiffel. Histoire des origines de la construction et des applications de la tour de 300 m. biographie de ses créateurs ; exposé de la vie et des découvertes de 72 savants, dont les noms sont inscrits sur la grande frise extérieure. *1 vol.*

1726. Discours prononcés au meeting industriel de Lille le 8 novembre 1869, par MM. Victor St-Léger, Al. Delesalle, Ed. Agache, Delfosse, J. Warin et Leurent. *1 broch.*

1726. bis S. PERISSE. — De la responsabilité et de la faute lourde en matière d'accident du travail. *1 fac.*

1727. BANQUE D'ÉMISSION DE LILLE. — Statuts. *1 br.*

1727. M$^{gr.}$ le Chanoine DEHAISNES. — Documents et extraits divers concernant l'histoire de l'art dans la Flandre, l'Artois et le Hainaut avant le XVe siècle. *2 vol. br. L. Quarré. Libr. 1886.*

1728. M$^{gr.}$ le Chanoine DEHAISNES.— Histoire de l'art dans les Flandres, l'Artois et le Hainaut avant le XVe siècle. *1 vol. br. Lille, Quarré. 1886.*

1729. E. BOCHER. — Les gravures françaises au 18ᵉ siècle. Catalogue raisonné des estampes, vignettes, eaux-fortes, pièces en couleur au bistre, et au lavis de 1700 à 1800. *6ᵉ fasc. 1882. J. Moreau le jeune, Paris. D. Morgan et C. Fatout, 1882.*

1730. F. CHON. — Un mois en Italie. *L. Danel, IV, 1876.*

1731. F. CHON. — Promenades lilloises. *L. Danel, 1888.*

1732. Ed. VAN HENDE. — Histoire de Lille de 620 à 1804 avec annotations et tables. *L. Quarré. 1 vol. br.*

1733. G. CRAUK. — Antoine Brasseur. Histoire de sa vie. *1 vol. br. L. Danel, 1887.*

1734. Mgʳ· Ch. DEHAISNES. — La vie et l'œuvre de Jean Bellegambe. *1 vol. br. L. Quarre, Éditeur. 1890.*

1734. bis. E. SAGERET, ingénieur. — Du progrès maritime, étude économique et commerciale.

1735. Mgʳ· C. DEHAISNES et M. l'abbé BONTEMPS. — Histoire d'Iwuy. *L. Danel. 1888. 1 vol. br.*

1735. bis. ARMENGAUD aîné. — Publication industrielle des machines, outils et appareils les plus perfectionnés et les plus récents employés dans les hautes branches de l'industrie française et étrangère. *15 vol. 1857 à 1864. 15 atlas.*

1736. Jules HOUDOY.—Les Imprimeurs Lillois. Bibliographie des impressions lilloises, 1595 à 1700. *1 vol. br. D. Morgan et Fatout. 1879.*

1737. Jules HOUDOY. — Histoire artistique de la cathédrale de Cambrai. *1 vol. br. D. Morgan et Fatout, 1880.*

1738. C. MAINDION. — Le Champ de Mars 1751-1889. Illustration de J. Adelive. *L. Danel, imprimeur, 1889. 1 vol. br.*

1739. VAN HENDE. — Lille et ses institutions commerciales. *1 vol. br. 1888.*

1742. G. FRANÇOIS. — Essai sur la concurrence et son organisation en France et en Angleterre. *1 vol. Danel, 1891, 2 ex.*

1743. DUFOUR. — Traité des difficultés notariales. *1 br. Danel, 1877.*

1765. DICTIONNAIRE PORTATIF DES ARTS ET MÉTIERS, contenant en abrégé l'histoire, la description et la police des arts et métiers, des fabriques et manufactures de France et des Pays étrangers. *2 v.*

1767. PRESSE SCIENTIFIQUE DES DEUX MONDES, revue du mouvement des sciences pures et appliquées (1859 à 1863) *6 vol. dont 2 sans être reliés.*

1768. COSMOS. — Revue encyclopédique hebdomadaire des progrès des sciences et de leurs applications aux arts et à l'industrie, fondée par M. B. de Montfort (1857 à 1869), *25 vol.*

1769. LE MONDE. — Revue hebdomadaire des sciences et de leurs applications aux arts et à l'industrie, par l'abbé Moignor de 1863 à 1877. *45 vol.*

1773. ANNALES DU CONSERVATOIRE DES ARTS ET MÉTIERS, publiées par les Professeurs (1889, 1890 et 1891). *3 vol. Gauthier Villars et Cie, imp.*

1776. Eugène PELLYGO. — Le verre, son histoire, sa fabrication. *1 vol.*

1783. ANNUAIRE pour l'an 1893, publié par le bureau des longitudes. *1 vol.*

1787. L. SÉGUIN. — Description du poste de secours installé à l'usine du gaz de Mons. *1 broch.*

1788. QUARRÉ-REYBOURBON. — Desséchement des Wateringues et des Moëres de l'arrondissement de Dunkerque. *1 broch.*

1789. 5ᵉ CONGRÈS INTERNATIONAL DE NAVIGATION INTÉRIEURE. Paris, 1892). Guide-programme officiel.

1790. 5ᵉ CONGRÈS INTERNATIONAL. — Catalogue des publications pour la navigation intérieure.

1791. 5ᵉ CONGRÈS INTERNATIONAL DE NAVIGATION INTÉRIEURE. — (Paris, 1892). Rapports : sections I, II, III et IV. *brochures.*

1792. L'abbé H. VASSART. — Note biographique sur M. Alfred Motte. *1 vol.*

1793. A. ÉVRARD. — Congrès international des mines et de la métallurgie, de l'emploi des bois métalliques dans le traitement final des grosses pièces d'acier. *1 broch.*

1815. A. LECOFFRE. — Banque et usage de banque en Angleterre. *1 vol.*

1818. Procès-verbaux des séances des Séchoirs et comptes-rendus des excursions. *1 vol. relié.*

1819. Compte rendu sommaire des travaux du Congrès. *1 vol. relié.*

1820. Exposition de modèles, cartes, dessins et ouvrages catalogués. *1 vol. relié.*

1821. Communications. *8 broch. en boîtes. Paris, Lahure, 1892.*

1822. Vue photographique des installations du Congrès. *Album relié.*

1826. Dictionnaire des arts et manufactures. *3 vol.*

1841. Maléziaux. — Travaux publics des Etats-Unis d'Amérique en 1870. Rapport de mission. *2 vol. brochés.*

1844. Général Jung. — Le siège de Dunkerque, 1793. *1 vol. broché.*

1845. Grille et Falconnet. — Revue technique de l'exposition de Chicago. *2 vol. brochés.*

1849. Fire Protection. — A complete manuel of the organization, machinery discipline, and general working of the fire brigade of London. *1 vol. relie, 1890.*

1853. Catalogue Tangyes, 1891, édition. *1 vol. relié.*

1876. Alfred de Courcy. — De l'assurance par l'état. *1 broch.*

1871. Avant-projet de traitement de l'eau de la Loire. *1 broch.*

1872. E. F. de Hoerschelman. — Aperçu historique du développement des voies navigables de l'empire de Russie. *1 broch.*

1873. L'Appert et J. Henrivaux. — La verrerie depuis 20 ans. *1 broch.*

E. — PUBLICATIONS PÉRIODIQUES COURANTES.

I. — JOURNAUX ET PUBLICATIONS SPÉCIALES.

La Bibliothèque possède :

La Sucrerie indigène (de 1866 à ce jour).
Journal des Fabricants de sucre (1874 à 1886).
Moniteur des Fils et tissus (1874 à 1889).
Journal des Brasseurs (1874 à 1886).
La Métallurgie (1874 à 1886).
Moniteur de la Teinture (1874 à 1889).
Annales du Commerce extérieur (de 1874 à ce jour).
L'Économiste français (1875 à ce jour).
Le Jacquart (1875 à ce jour).
Annales agronomiques (1875 à ce jour).
Journal d'hygiène (1877 à ce jour).
Le Fer (1877 à 1886).
La Sucrerie belge (1878 à ce jour).
Moniteur des Consulats (1879 à 1884).
Bulletin consulaire français (1877 à ce jour).
Recueil consulaire belge (1884 à 1886).
Bulletin officiel de la propriété industrielle et commerciale (1884 à 1886).
Journal de la Distillerie française (1884 à ce jour).
Moniteur Officiel du Commerce (1884 à ce jour).
Renseignements coloniaux (1886).
Revue de la Législation des Mines (1886 à ce jour).
Revue universelle de la Brasserie et de la Malterie (1885-86).

Revue universelle de la Distillerie (1885-86).
L'Industrie Progressive (1885-86).
Journal des Usines a Gaz (depuis Juin 1886).
Journal Officiel (depuis le 1er Juillet 1886).
La Réforme sociale (de   )
Journal des Économistes (1878 à 1879).
Annales du conservatoire des Arts et Métiers 1861 à ce jour).
Bulletin de l'Association des industriels de France, contre les accidents du travail.
Bulletin de la participation aux bénéfices, publié par la Société, pour l'étude pratique de la participation du personnel dans les bénéfices ; reconnu d'utilité publique par décret du 12 mars 1889.
Bulletin mensuel de l'Union amicale des anciens élèves de l'école supérieure de commerce.
Revue agricole, industrielle, littéraire et artistique.
Archives de l'agriculture du nord de la France.
Revue du sauvetage en France et a l'Étranger.
Annales industrielles publiées par Fréduseau et Cie, ingénieurs civils A. Cassagne, ingénieur civil, directeur depuis 1874. (1886 manque).
Scientific américan an illustred journal arts, sciences et machinies (depuis 1882).
Société française des habitations a bon marché (à partir de 1890)
Bulletin de l'Association des chimistes de sucrerie et distillerie (à partir de 1887).
Les ouvriers des deux mondes (publié par la Société d'Économie sociale depuis 1890).
Chronique industrielle par A. Casalonga (1888 à 1889).
L'Électricien. Revue internationale de l'électricité et de ses applications (de 1885 à ce jour).
La Revue scientifique de la France et de l'Etranger (1878 à 1888).
Zeitschrift der verrerien für die R^{U}benzucker. Industrie des deutsches Reiches.
Les Annales économiques de
La France commerciale, industrielle et agricole.
La Revue du Nord.
Oesterreich's Wollen und Leimen industrie. incomplet (1887 à 1889).
Der praktischen-machinen-constructéur. incomplet (1884 à 1888).

II. — JOURNAUX ET PUBLICATIONS POLYGRAPHIQUES.

Annales du génie civil (1874 à 1880). — Ne paraît plus).
Moniteur scientifique de Quesneville (1873 à 1886). *29 vol.*
Le Constructeur (1874 à 1886).
Lettres-causeries (1868-70 à 1889). *4 vol.*
Bulletin scientifique du département du Nord (1873 à 1886).
Documents statistiques publiés par l'Administration des douanes sur le commerce de la France. (1874 à 1884). *99 brochures.*
Annales industrielles (1874 à 1889).
Revue industrielle (depuis 1875).
The Textile manufacturer (1875 à 1889).
Dingler's polytechnisches Journal (1876 à 1886).
Il Politechnico (1876 à 1886).
Institution of mechanical Engineers (1879 à 1886).
Publication industrielle d'Armengaud (10 volumes).
Transactions of the north england institute of mining and mechanical engineers (1881 à 1889).
Le Génie civil (1881 à 1892).
La Nature (1885 à ce jour).
L'Ingénieur mécanicien (1884 à ce jour).
La Lumière électrique (1883 à ce jour). *26 vol. 8 à 34.*
Bulletin de la Société d'encouragement pour l'industrie nationale. *15 vol.*
Transactions of the Canadian. Société of civil Enginurs. 1887 à 1891. *14 vol.*
L'industrie textile.
Le droit industriel.
Revue politique et littéraire (de 1892).
Revue scientifique (de 1892).
Le Technologiste. *13 vol.*
Transaction of the Canadian. Society of civil Ingeneers.

III — SOCIÉTÉS INDUSTRIELLES ET SOCIÉTÉS D'ÉMULATION.

Société industrielle de Reims. (1872 à 1886).

Société d'Émulation de Cambrai. (1873 à 1889).

Société industrielle de Lyon. (1873 à 1886).

Société d'émulation de la Seine-Inférieure. (1872-1886).

Société dunkerquoise. (1852 à 1858-1871-1876-1881-1883).

Société industrielle de Mulhouse. (1829-1847 à 1855-1860-1861-1863 à 1868-1871 à 1886).

Société industrielle d'Amiens. (1873 à 1886-1874 à 1891).

Société des Sciences de Lille. (1829 à 1886).

Société industrielle de Marseille. (1872 à 1885).

Société industrielle de Rouen. (1873).

Société industrielle de Saint-Quentin. (1874 à 1886).

Société industrielle de Flers (Orne). (1875 à 1884).

Société industrielle d'Elbeuf. (1872 à 1885-1890).

Société industrielle de l'Est. (depuis 1884).

Société du Commerce et de l'Industrie de Fourmies. (1881 à 1885).

Société d'encouragement pour l'Industrie nationale. (1850 à 1864-1881 à 1886).

Société d'émulation de Roubaix. (1869 à 1890).

Société industrielle d'Angers. (1875 à 1883).

Bulletin de la Société industrille de Verviers (1884 à 1885).

IV. — SOCIÉTÉ D'AGRICULTURE.

Société agronomique du Pas-de-Calais.
Société d'Agriculture de Valenciennes (1875 à 1886).
Comice agricole du Nord (1873 à 1886).
Société d'Agriculture de Douai (1873 à 1885) (mémoires de 1870 à 1880).
Station agricole du Pas-de-Calais (1879 à 1885).
Société centrale d'Agriculture du Pas-de-Calais (1884 à 1886).
Société des Sciences, de l'Agriculture et des Arts de Lille.

V. — SOCIÉTÉS DIVERSES.

Société des anciens élèves des écoles d'Arts et Métiers (1874 à 1891) et annuaires.
Société des Ingénieurs civils (1848 à 1891).
Comité central des Fabricants de sucre (1868).
Société des ingénieurs de l'École de Liége (1874 à 1886).
Association des propriétaires d'appareils a vapeur du Nord de la France (1873 à 1883).
Musée royal de Belgique (1879 à 1883).
Société de Géographie de Paris (1875 à 1886).
Société technique de l'Industrie du gaz. Compte rendu du 16e congrès. *2 vol.*
Association parisienne des propriétaires d'appareils a vapeur (1875 à 1888).
Société de Géographie de Lille (1880 à ce jour).
Société de protection des Apprentis (1881 à 1886).
Comptes rendus des séances de l'Académie des Sciences (1842 à 1855 — 1882 à 1889). *1 vol. broché, 1869.*
Annales de la Société académique de Nantes (1876 à 1889).
Bulletin de la Société internationale des électriciens (1884 à ce jour).
Association des anciens élèves de l'Institut du Nord (depuis l'origine).
Revue universelle des mines, de la métallurgie, des travaux publics, des sciences et des arts appliqués à l'industrie, (depuis 1874 à ce jour).
Association alsacienne des Propriétaires d'appareils a vapeur (Exercice 1874 à 1879).
Association normande des Propriétaires d'appareils a vapeur Assemblée générale (1875 à 1878).
Association pour la surveillance des chaudières a vapeur. Rapport sur les exercices 1873 à 1874.
Revue pratique du Commerce et de l'Industrie dans les deux mondes (de 1896 à 1899).
La Pomme de Terre industrielle, journal des cultivateurs de pommes de terre.

La Betterave, journal des cultivateurs de betteraves, fabricants de sucre et distillateurs.

The journal of the Society of chemical industry (de 1893).

Société de secours des amis des sciences. *1 vol.*

Association des Industriels de France contre les accidents du travail.

Association scientifique de France. *1 vol.*

Congrès des Sociétés savantes (de 1890).

Congrès international des accidents du travail et les assurances sociales (de 1892).

Association lyonnaise des Propriétaires d'appareils a vapeur.

Le Photo-Journal. Revue universelle illustrée.

Photo-Gazette. Revue internationale illustrée de la photographie.

Société de propagation du crédit populaire.

Commission pour la France et l'étranger. — *Vve A. Thomas et Ch. Thomas.*

CHAMBRES DE COMMERCE.

Chambre de Commerce de Douai.
Chambre de Commerce de Dunkerque.

LILLE. — IMPRIMERIE L. DANEL.